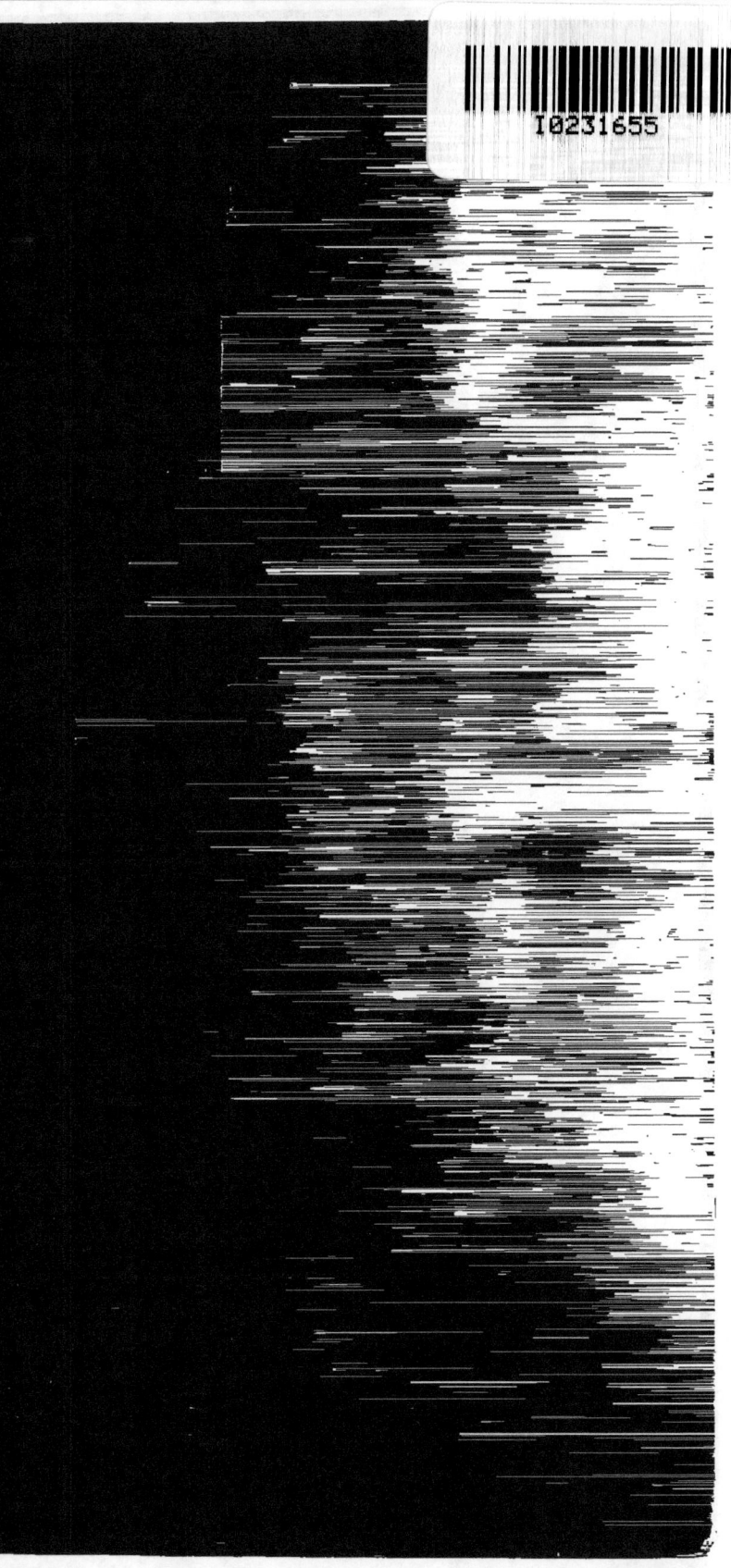

LK 2018

NOTICE HISTORIQUE

SUR LE

VILLAGE DE CHAZEUIL

PAR M. TYNTURIÉ,

associé correspondant de la Commission archéologique

DE LA CÔTE-D'OR.

Dijon,

IMPRIMERIE LOIREAU-FEUCHOT,

40, rue Chabot-Charny, 40.

1851.

AVANT-PROPOS.

Le désir de transmettre à ceux qui nous suivront les événements et les faits qui se sont passés à Chazeuil m'a seul engagé à entreprendre le travail que j'offre aujourd'hui aux habitants de ce pays. J'ai voulu être utile en conservant des notes et des documents qui, sans mes efforts, auraient pour toujours disparu. Peut-être me sauront-ils gré d'avoir conçu cet ouvrage, en regrettant toutefois que l'exécution n'en ait pas été confiée à des mains plus habiles dans l'art d'écrire.

Plût à Dieu que les curés primitifs de chaque paroisse eussent laissé des manuels sur leurs bénéfices, sur les événements du temps, continués sans interruption par leurs successeurs! Que de faits curieux, intéressants, mémorables, auraient été sauvés de l'oubli! On aime tant, d'ailleurs, à savoir comment nos pères vivaient; et, lorsqu'on sait ce qui a nui à ses ancêtres, on l'évite pour ses enfants; le passé sert toujours de leçon, de guide au présent..... Si, depuis un millier d'années, l'histoire de chaque paroisse eut été faite ainsi par les curés ou par les syndics, quels documents précieux l'administration, les sciences et les arts, les familles et l'Etat n'en tireraient-ils pas? On devrait donc faire pour la postérité ce que nos pères, à notre grand dommage, ont négligé de faire pour nous.

Cette notice exigeait des recherches pénibles et la connaissance de beaucoup de faits que la lecture des chartes et de tous autres documents peut seule fournir; j'en ai lu un grand nombre. J'ai compulsé les Archives des départements de la Côte-d'Or et de la Haute-Marne, ainsi que celles de quelques châteaux du voisinage qui m'ont été obligeamment ouvertes. J'ai consulté les Annales du diocèse de Langres, la Chronique de Bèze, qui m'ont fourni plusieurs matériaux ; j'ai parcouru la plupart des auteurs qui ont parlé de la Champagne, mais je n'y ai pas trouvé le moindre renseignement positif sur l'objet de mes recherches. J'ai appris par la tradition orale, en consultant la mémoire des vieillards, nombre de faits plus ou moins importants. Généralement parlant, une tradition est véritable lorsqu'elle a été crue sans contradiction depuis un temps immémorial, surtout si elle a rapport à un fait qui s'est passé dans le pays qu'on habite. Je suis redevable encore de plusieurs notes à quelques savants qui ont bien voulu s'associer à mes recherches.

Quelqu'exactitude que j'aie apportée à la rédaction de cette notice, il est possible qu'il me soit échappé quelques fautes. Ce sera me rendre un service essentiel que de me les indiquer, afin qu'elles puissent être corrigées; je recevrai avec gratitude les avis qu'on voudra bien me donner à ce sujet. Les occupations si multipliées du ministère sacré que j'exerce me donnent lieu d'espérer quelque indulgence pour un travail auquel j'ai employé les heures que d'autres destinent à leurs amusements.

NOTICE HISTORIQUE

SUR LE

VILLAGE DE CHAZEUIL.

L'étymologie du nom de Chazeuil (1), l'origine de ce village se perdent, l'une dans l'obscurité grammaticale la plus inextricable, l'autre dans la nuit des temps. Malgré les laborieuses recherches auxquelles je me suis livré pendant plusieurs années, je n'ai pu rien trouver qui m'apprît ce qu'était originairement Chazeuil. Il faut renoncer au plaisir de connaître son origine; le temps a fait disparaître toutes les sources auxquelles on aurait pu puiser, et rien ne peut les remplacer. Le voyageur rencontre ce modeste village sur son chemin dans une plaine inégale; il le touchait autrefois, pour ainsi dire, du pied avant de l'avoir vu de l'œil; les noyers, dont les environs étaient couverts, le dérobaient à ses regards : le grand hiver de 1789 les fit périr en grande partie.

(1) Qu'on écrivait aussi anciennement *Chasuil*, *Chaseut*, *Chaseul*, *Chazeul*. Ce village, appelé *Casotum* en la Chronique de Bèze, et *Casuctum* dans un ancien Pouillé du diocèse de Langres, tire probablement son nom du mot latin *casa*, cabane, chaumière, maisonnette, hutte; ce qui démontrerait que, dans le principe, les habitations de ce village n'étaient rien moins que somptueuses.

Le plus ancien écrivain qui ait fait mention de Chazeuil d'une manière non équivoque est l'auteur de la Chronique de Bèze, sous l'an 830. Ce village est situé dans le canton des Attuariens, *in pago attuariensi* (1), dans l'ancien comté de Montsaujon, sur les confins des provinces de Bourgogne et de Champagne, faisant partie de cette dernière province entre Selongey et Fontaine-Française (route vicinale) avant la Révolution de 89; il était régi par la coutume de Sens, qu'on suivait dans presque tout l'arrondissement de Langres dont Chazeuil est limitrophe (2). Les appels des jugements en premier ressort étaient portés les uns au bailliage de Langres, les autres à celui de Sens; ce qui était une source de frais immenses pour les plaideurs. Les appellations de la Gruerie se portaient à la Table de Marbre de Paris. La haute justice appartenait au seigneur de Cressey ou Crecey (3); celui de Chazeuil n'avait que la moyenne et basse, qui se rendait au XVIe siècle dans une maison située en la rue de Bèze; on l'appelait la maison des *Plaids*, parce qu'on y plaidait et jugeait les procès. Ce pays était de la recette, du contrôle et du grenier à sel de Montsaujon, auxquels ressortissaient toutes les paroisses à trois ou quatre lieues la ronde. Avant les événements de 92, époque où fut détruite l'ancienne constitution française, Chazeuil avait un procureur-syndic

---

(1) Les Attuariens étaient une colonie de Francs établis dans le Langrois, vers le commencement du IVe siècle.

(2) Avant la création du Code civil, on comptait en France 490 coutumes, souvent contradictoires.

(3) Le seigneur de Cressey possédait à Chazeuil un fief appelé encore aujourd'hui le *Bois de Cressey*, parce qu'il était couvert de bois il y a cent ans.

pour la gestion des affaires de la communauté, et deux échevins pour l'exercice de la police. Le syndic faisait assembler, au son de la cloche, sur la place publique, les notables du lieu. Là on délibérait sur les intérêts généraux. S'il s'agissait d'établir le rôle des tailles et des capitations, on imposait à chacun sa cotisation par la majorité des voix ; l'impôt était proportionné à l'aisance présumée de chaque contribuable. Chazeuil payait à peine, en ce temps-là, huit cents francs de tailles ; mais aujourd'hui cette commune est chargée de près de 6,000 francs de contributions directes.

On voyait autrefois sur la place publique un orme séculaire d'une grosseur prodigieuse, lequel étendait au loin ses antiques rameaux, qui, chargés d'un riche feuillage, se courbaient en voûtes obscures. A cet arbre, près duquel se voyait une croix en pierre, était suspendu un *Perchant* (carcan). C'était un cercle de fer qui embrassait le cou des malfaiteurs qu'on y attachait. Quiconque avait été surpris en flagrant délit sur le finage était condamné au *Perchant*. Dans le château existaient les *Peps* pour retenir les prévenus d'autres méfaits, et la prison pour enfermer les condamnés.

Droits féodaux, Dimes.

Autrefois, les prestations en nature, en argent, les prestations personnelles, les corvées et autres droits imposés par la noblesse, pesaient de tout leur poids sur les habitants de Chazeuil. Ils étaient sujets à un four banal construit au milieu du village ; ils ne pouvaient avoir dans leurs maisons que de petits fours pour cuire des pâtisseries et faire cuire des fruits ; ils ne pouvaient faire moudre leur grain qu'au moulin du seigneur, ni pressurer leurs vendanges qu'à son pressoir. Ces institutions féodales n'étaient pas aussi onéreuses pour nos pères que nous nous l'imaginons ; une longue habitude et l'unanimité de l'exemple empêchaient qu'ils s'en exagérassent le fardeau.

Chazeuil avait deux seigneurs. Les derniers furent M. de Saint-Julien et M. de Paulmy ; le premier résidait à Fontaine-Française et le second à Cressey. Les habitants leur payaient chaque année, à la Saint-André, un quart de mesure de grain par journal, moitié seigle, moitié avoine, sur la contrée appelée alors *finage*. Elle consistait en 1,440 journaux de terres labourables qui opéraient la quantité de 15 hémines de grain ; l'hémine était de 24 mesures à 36 livres. Sur ces 15 hémines M. de Saint-Julien devait en avoir 6 et 13 mesures et demie, M. de Paulmy 22 mesures et demie, et le curé 7 hémines et demie. Outre ces 15 hémines ainsi divisées, une partie des habitants payait à M. de Saint-Julien chaque année, à la même époque, c'est-à-dire à la Saint-André, la somme de 21 livres de taille, et, à carnaval, le cens de dix sous, qu'ils étaient libres de remplacer par une poule qu'on appelait *poule de carnaval*. L'autre partie des habitants payait à M. de Paulmy un cens de même nature et de même valeur, et, de plus, la dîme de douze gerbes l'une sur le fief du Bois-de-Cressey. La même dîme était affectée sur ceux de *Champ-Solon*, de *Drouy* et du *Bois-Errard*, en faveur de M. de Saint-Julien ; le curé y levait une gerbe par journal. J'aurais bien voulu connaître l'origine de ces dîmes, c'est-à-dire l'époque et le mode de leur constitution, ainsi que les actes qui donnaient la propriété directe des fiefs auxquels elles étaient annexées; mais mes recherches ne m'ont procuré aucun renseignement à ce sujet.

Les moines de la célèbre abbaye de Bèze (1) percevaient une gerbe par journal sur le climat de *Velours*, qualifié *finage de Bourberain*, par une transaction de 1523. Il résulte de cet acte que cette dîme se payait jadis au curé de Bèze, qui desservait alors Bourberain. Un des curés de cette paroisse, appelé Guilleminot, fut le premier, à ce qu'il paraît, qui prétendit que, comme il était décimateur de Bèze et de Bourberain, il devait l'être aussi de Chazeuil pour le climat de *Velours*, cultivé par les habitants de ce village. Sur le refus que firent ceux-ci de lui payer la dîme par la raison que leur église n'était pas desservie par le curé de Bèze et que le climat de *Velours* faisait sans sujet partie du finage de Bourberain, le sieur Guilleminot, soit qu'il fût muni ou non de titres qui lui attribuaient le droit de percevoir la dîme sur le climat en question, leur suscita un procès qui dura sept à huit ans, et qui fut d'abord en l'officialité de Langres, ensuite à celle de la métropole de Lyon, enfin au parlement de Paris. Les habitants de Chazeuil, se voyant poursuivis sans relâche en justice de la part du curé de Bèze, et à la veille de supporter des frais consi-

---

(1) L'abbaye de Bèze avait très-anciennement sur le territoire de Chazeuil deux métairies, dont l'une avait été donnée par un père de famille nommé Clément, qui affectionnait beaucoup cette maison, et l'autre par Albéric, évêque de Langres, qui, en 830, l'avait achetée d'un nommé *Vidald*, avec sept journaux de terre. — Ce prélat mourut saintement à Bèze, en 838.

dérables, crurent que le parti le plus sage pour eux était celui de transiger avec le curé sur toutes les contestations mues et à mouvoir. La transaction eut lieu le 26 août 1523. Les habitants s'engagèrent à payer au curé de Bèze 15 hémines de grain, moitié blé, moitié avoine, à la Saint-Martin, pour huit années qu'il n'avait pas joui, c'est-à-dire pour 1516 à 1523; ils s'obligèrent, en outre, de lui payer à perpétuité la dîme de 13 gerbes l'une sur les terres du climat de Velours. Elle se paya jusque vers le milieu du XVIe siècle. A cette époque, une révolution s'étant opérée à l'égard de la religion (le luthéranisme venait d'envahir ces contrées), le curé Guilleminot fut contraint de quitter Bèze et de se réfugier en la ville de Poitiers; ce qui fait présumer qu'il avait embrassé la doctrine de Luther. Les moines desservirent alors Bèze et Bourberain, y jouirent des mêmes droits que le sieur Guilleminot relativement à la dîme qu'il levait dans ces deux paroisses. Mais ils n'obtinrent des habitants de Chazeuil qu'une gerbe par journal sur le climat de Velours : ce qu'on appelait *dîme à Dieu;* elle leur fut payée jusqu'en 1790. Mais, comme ces moines ne desservaient plus, depuis un temps immémorial Bèze et Bourberain, on ne voit pas pourquoi ils perçurent cette dîme jusqu'à cette époque.

Ce fut lorsque le luthéranisme eut opéré une si grande révolution dans le monde religieux, c'est-à-dire vers le milieu du XVIe siècle, que les seigneurs commencèrent à s'emparer des dîmes ecclésiastiques et à obliger les habitants des campagnes à les leur payer comme bon leur semblait. Jean de Bessey, seigneur de Til-Châtel et de Bourberain, voulut astreindre les habitants de Chazeuil à lui payer la dîme sur le climat de Velours, comme dépendant de sa seigneurie. Mais ils ne le voulurent pas, en alléguant pour raison qu'ils n'étaient obligés à la payer qu'au curé de Bèze, suivant le traité fait avec lui en 1523. Ce seigneur ne cessa, dès lors, de les troubler pendant plusieurs années dans la jouissance paisible où ils étaient des terres du climat de Velours, en les attaquant devant les tribunaux. Les habitants, se trouvant hors d'état de le suivre en justice par le fait de leur indigence, préférèrent transiger avec lui. La transaction eut lieu le 12 avril 1561 (1). Ils s'engagèrent par cet acte à payer à M. de Bessey chaque année, à la Saint-Martin, la dîme de 12 gerbes l'une et le cens de 12 deniers tournois par arpent. Ce traité, dont il sera encore fait mention plus loin à l'occasion du bois des *Accrues*, leur accordait le droit de racheter ce sens moyennant 25 sous. Il paraît, par un jugement rendu au bailliage de Langres le 11 avril 1564, que les habitants rachetèrent ce cens stipulé dans la transaction, et qu'à cet effet ils offrirent à la veuve de Jean de Bessey une somme de 2,500 livres, dont elle fut obligée de donner quittance.

Les successeurs de M. de Bessey se prévalurent de la transaction de 1561, qui équivalait à un titre faux et vicieux, pour se faire payer la douzième gerbe sur la

---

(1) Voici ce que rapporte la tradition au sujet de ce traité. M. de Bessey manda chez lui le procureur-syndic de Chazeuil avec les quatre principaux habitants, les fit boire et manger, les obligea ensuite à signer la transaction dont il s'agit. Le syndic et ses associés, fatigués qu'ils étaient des chicanes de ce seigneur, la signèrent. Après avoir obtenu d'eux ce qu'il souhaitait, il les fit mettre en prison et ne les rendit à la liberté qu'après que tous les notables du pays furent venus la signer également.

contrée de Velours, et ils la perçurent jusqu'en 1790. A cette époque fut décrétée par l'Assemblée nationale la suppression des dîmes de toute nature et des redevances qui en tenaient lieu.

Presque toutes les terres de Chazeuil étaient sujettes à la dîme ; celles qui ne l'étaient pas, comme les terres près du village, étaient taillables envers l'Etat.

Mes recherches m'ont fait rencontrer une pièce relative à un procès intenté en 1735 aux habitants de Chazeuil par Jean-Claude de Valoux, leur seigneur, au sujet d'une dîme appelée la *rente de Champart*, qu'ils lui payaient annuellement à la Saint-André. L'affaire fut portée au bailliage de Langres, qui, après de longs débats et maintes requêtes de part et d'autre, condamna les habitants à livrer à M. de Valoux sur ses greniers 157 mesures et demie, par moitié blé et avoine, et à lui payer le cens dit *taille seigneuriale*, assise sur les héritages, c'est-à-dire la somme de 108 livres pour 1729 à 1735 ; il les condamna, de plus, à tous les dépens. Ils appelèrent de cette sentence au Parlement de Paris ; mais cette cour les condamna également et solidairement le 3 septembre 1745 à payer à M. de Valoux la somme de 360 livres pour la taille seigneuriale, et celle de 2,629 livres 5 sous 3 deniers pour la valeur de 2,520 mesures ou boisseaux de grain, montant de la *rente de Champart* qu'ils lui devaient depuis 1729 à 1744. L'arrêt du Parlement fut *lu*, *montré*, *signifié* aux habitants par un sergent royal, devant le portail de l'église, à l'issue de la messe paroissiale du dimanche.

Dans le courant du siècle dernier, les laboureurs étaient si peu nombreux à Chazeuil, qu'ils avaient peine à cultiver toutes leurs terres. Celles du finage de Velours, entre autres, étaient en partie en friches ou couvertes de buissons. Les habitants ayant voulu un jour les extirper, le duc de Saulx-Tavanes (1) s'y opposa par le ministère de ses gardes, prétendant, ainsi que ses prédécesseurs, que ces terres lui appartenaient comme faisant partie du finage de Bourberain dont il était seigneur. La coupe des buissons se fit à son profit en 1788. Depuis cette exploitation, les habitants de Chazeuil, ayant considéré que la propriété des terres du finage de Velours ne dérivait que d'une usurpation, et se fondant sur le texte de différentes Coutumes, notamment celle de Bourgogne, cherchèrent à détruire les prétentions du duc de Tavanes, et réussirent à le faire évincer dans le cours de la révolution de 92.

D'après un titre découvert aux archives du château de Lux, les terres du finage de Velours pouvaient être en totalité de la contenance de 1,400 journaux, et les dîmes et redevances qu'on payait sur ce climat, tant aux moines de Bèze qu'au seigneur, pouvaient produire, année commune, 50 hémines de grain.

Procès concernant les droits d'usage en la forêt de Velours.

Le droit d'usage en la forêt de Velours, jadis *Velort* ou *Volort*, appelée dans les anciens titres *longus Boscus*, a donné lieu à des procès si considérables entre les ha-

---

(1) Il était fils de Henri-Charles de Saulx, comte de Tavanes, dont j'aurai occasion de parler plus loin.

bitants de Chazeuil et les propriétaires de cette forêt, que je ne puis me dispenser d'en faire mention dans cette notice, d'après les mémoires volumineux que j'ai lus sur ce sujet. Il me paraît d'autant plus intéressant de les relater, qu'ils nous révèlent une partie de l'histoire des habitants de ce village pendant plus de deux siècles. Les bois ne furent pour eux, durant ce long laps de temps, qu'une source de procès ruineux et interminables. Ils ne plaidaient pas seulement avec les seigneurs, qui cherchaient tous les moyens possibles de se rétablir dans la propriété de ces bois; ils plaidaient encore souvent les uns contre les autres, tantôt à Sens, tantôt à Paris ou à Dijon, soit pour la quantité de leurs droits, soit relativement à leur qualité d'usagers, soit enfin sur des demandes en cantonnement. Ces procès leur occasionnèrent des dépenses immenses.

Henri de Vienne.

La grande forêt de Velours appartenait aux sires de Til-Châtel. Les droits que prétendaient y avoir les habitants des pays voisins furent la cause de nombreuses difficultés dès l'an 1254. De tout temps cette forêt avait été sujette à des droits d'usage au profit de quelques paroisses et seigneurs du voisinage, et notamment au profit des habitants de Chazeuil. Dans le principe, ces droits étaient indéfinis dans toute la forêt. Vers la fin du XVIe siècle, il s'éleva de grandes contestations entre Henri de Vienne, époux d'Anne de Bessey, seigneur de Til-Châtel et de Bourberain, et les usagers de cette forêt, tant sur le droit d'usage (1) en lui-même que sur la manière de l'exercer. Il intervint le 8 juillet 1580 au siége de la Table de Marbre du Palais, à Paris, une sentence préparatoire qui ordonna, entre autres choses, l'arpentage général de la forêt et la reconnaissance de ce qui avait été défriché avant et depuis 40 ans. Cette sentence ayant été confirmée au Parlement de Paris sur l'appel que les usagers en avaient interjetté, elle fut suivie de longues involutions de procédure dont le détail serait ici superflu. Les contestations furent jugées entre les parties selon leurs titres, par arrêt définitif rendu au même Parlement le 30 août 1586. La brièveté de cette notice ne me permettant pas de rapporter en entier cet arrêt, je me bornerai à en faire connaître les principaux articles.

Après avoir déclaré les habitants de Chazeuil usagers en la forêt de Velours, il est ordonné qu'*auxdits habitants demeurant ès anciennes maisons bâties avant 40 ans et autres bâties sur anciens fondements et repaires, desquelles visitation et description serait faite en présence de l'exécuteur de l'arrêt, il sera baillé et délivré pour tous droits d'usage par eux prétendus, une portion desdits bois de Velours en une pièce sur l'avenue dudit Chazeuil, plus proche et commode pour lesdits habitants et moins dommageable pour ladite dame de Bessey, et ce à raison de 3 arpents pour chacun feu, sans toutefois que lesdits habi-*

---

(1) Des contestations avaient eu lieu déjà à ce sujet entre les habitants de Chazeuil et le seigneur de la forêt de Velours en 1544, puisqu'une *descente de lieux et visite de cette forêt* fut faite le 4 janvier 1545, en vertu de la commission du bailli de Sens en date du 23 décembre 1544. Elle avait été obtenue par Jean de Beaujeu, seigneur de Chazeuil, et les habitants de cette paroisse. Ils furent maintenus dans leurs droits par arrêt rendu à la Table de Marbre de Paris le 5 juin 1556.

tans puissent prétendre pour plusieurs feux en une même maison.....

La première chose à faire sur cet arrêt était de constater combien il y avait dans le pays d'anciennes maisons, pour déterminer la quantité des bois sur laquelle le droit d'usage devait être exercé, puisqu'il était fixé à raison de trois arpents pour chaque feu ; c'est aussi ce dont on s'occupa. Les usagers firent entre eux le dénombrement de toutes leurs maisons. Pour l'exécution de l'arrêt, la Cour députa un commissaire pour faire la visite et description des maisons de chaque particulier, et ensuite la délimitation de la quantité d'arpents que les habitants de Chazeuil devaient avoir en la forêt de Velours. Ceux-ci lui représentèrent le dénombrement qu'ils avaient fait, sans attendre son arrivée sur les lieux, pour accélérer l'opération à laquelle il devait procéder. Mais il ne fut pas adopté comme ils l'avaient espéré. La dame de Bessey, qui avait passé à de secondes noces avec Charles d'Escars, soutint que ce dénombrement, qui contenait 129 articles, était excessif, et qu'anciennement les habitants usagers de la portion de Beaujeu n'étaient au nombre que de 20 ou 25. Il fut ordonné, sur ses réquisitions, que *par maçons experts visitation serait faite des maisons que les habitants voudraient maintenir devoir être de ladite déclaration*, et qu'il serait informé du nombre des maisons bâties depuis 40 ans, ensemble de celles qui avaient été divisées en plusieurs ménages, encore qu'elles ne dussent être réputées que pour un seul feu.

La visite prescrite par ce jugement ne fut pas tranquille. Les usagers intimidèrent les experts par des menaces et bouchèrent *aucunes portes et fenêtres avec bois et paille, par le moyen de quoi l'on ne pouvait discerner et connaître si lesdites maisons étaient ou avaient été à un père de famille.* Ce qui fut considéré comme une *grande perfidie* de la part des usagers. Le procureur-syndic et les notables du lieu soutinrent leur déclaration véritable, requérant qu'ils fussent reçus à faire preuve du contenu en icelle. Le commissaire ayant ordonné qu'il serait par lui informé de ces voies de fait, les usagers crurent devoir prévenir les suites de cette procédure par des propositions d'accommodement, auxquelles les gens d'affaire de la dame de Bessey jugèrent de leur part à propos de donner les mains, pour *obvier à la longueur qui pouvait être à l'exécution dudit arrêt.* Les usagers déclarèrent donc par la bouche de leurs procureurs-syndics (il y en avait deux alors), pardevant le commissaire, qu'ils consentaient que la quantité de 300 arpents leur fût adjugée pour le droit par eux prétendu en la forêt de Velours, au lieu de 477 qui leur avenaient selon l'arrêt du 30 août 1586. Il leur en fut fait délivrance par procès-verbal de la part de l'exécuteur de l'arrêt, en deux cantons, l'un appelé la *Malpierre* et l'autre le *Rang-Coquenard*.

Depuis 1588, où cette délivrance eut lieu, jusqu'en 1732, les usagers jouirent comme ils purent des 300 arpents de bois qu'on leur avait adjugés, sans s'embarrasser de remplir le vœu de l'arrêt de 1586, c'est-à-dire sans s'occuper en aucune façon de leur aménagement, quoique ce point fût capital et les intéressât tous. Cette omission fut, pour la suite, la source de bien des chicanes et de beaucoup de mal. Plusieurs usagers, ennuyés de l'indivision et du peu d'ordre dans l'administration, avaient pris le parti de vendre leurs droits. De là vint que différentes personnes avaient droit à plusieurs portions de droit d'usage; on le regardait comme une patrimonialité ordinaire.

Mme du Housset.

En 1701, le marquisat de Til-Châtel et la baronie de Bourberain ayant été saisis réellement, les habitants de Chazeuil formèrent opposition au décret qui était pendant à la Cour des Aides de Paris pour la conservation de leurs droits d'usage. Cette opposition donna lieu à quelques contestations, sans qu'on sache précisément sur quoi elles portaient. Elles furent terminées par transaction du 12 février 1702, entre Marie d'Aguesseau, veuve de Claude du Housset, marquise de Til-Châtel, et les habitants de Chazeuil. Il fut convenu par cet acte qu'ils demeureraient maintenus dans leurs droits d'usage en la totalité de 300 arpents de bois, *à condition qu'ils ne mésuseraient pas desdits droits, et qu'ils ne couperaient ni ne vendraient aucuns bois sans le consentement de ladite dame marquise, et de lui payer les charges et redevances, si aucunes se trouvaient dues suivant les titres.....*

M. de Tavanes.

En 1732, Henri-Charles de Saulx, comte de Tavanes, [1] devenu propriétaire de la forêt de Velours, fit revivre des prétentions qui paraissaient avoir été terminées par l'arrêt de 1586. Comme il était arrivé que, par la suc-

---

(1) Né à Lux en 1686, décédé au même lieu en 1761.

cession du temps, plusieurs maisons étaient tombées en ruine, il prétendit qu'au moyen de ce qu'elles devenaient inhabitables les droits d'usage qui avaient été reconnus dépendre de ces maisons devaient lui appartenir. Il se fondait sur ce que les droits d'usage dans la forêt d'autrui avaient été établis dans la vue de fournir à chaque usager du bois proportionnellement à ses besoins et non au-delà ; que ce n'était plus simple usage, dès que les usagers, après s'être abondamment pourvus du nécessaire, étaient encore en état de vendre un superflu considérable à des étrangers ; que le nombre des usagers étant diminué des trois quarts, ils ne devaient plus conserver la même quantité de bois, comme s'il n'était survenu aucun changement depuis le procès-verbal de 1588 ; que, quand l'arrêt de 1586 avait adjugé trois arpents coutumiers par chaque maison, il avait décidé que cette quantité était suffisante pour le plein exercice du droit d'usage ; que tout ce qui excédait les trois arpents par chaque maison alors existante était au-delà de la quantité requise pour l'usage, et que, par conséquent, il devait lui être rendu et consolidé à la propriété qui lui en était demeurée, puisqu'il ne devait qu'un simple usage et rien de plus aux habitants de Chazeuil, sous l'ancienne portion de seigneurie dite de Beaujeu. En conséquence, il fit avertir tous les usagers ou prétendus usagers de la résolution qu'il avait prise de remettre les choses en règle (1).

(1) La propriété nue des 300 arpents de bois avait toujours été réservée au seigneur de la forêt, avec la chasse, la justice, les amendes et autres droits seigneuriaux. Les habitants de Chazeuil n'y avaient qu'un droit d'usage ; mais ils s'étaient accoutumés à regarder comme un bien propre et patrimo-

Pour éviter les frais considérables d'un grand procès, ainsi que les longueurs inséparables des différents degrés de juridiction, les parties convinrent de s'en rapporter à la décision de quelques juges ou arbitres choisis par elles; c'étaient trois conseillers au Parlement de Dijon; et, pour donner au jugement qui serait rendu par ces magistrats, également recommandables par leurs lumières et leur probité, toute la force et l'autorité dont il devait être revêtu, le roi, sur la requête du comte de Tavanes et du consentement des usagers, leur renvoya par arrêt de son conseil du 8 mai 1732 les contestations dont il s'agissait, pour les juger définitivement et en dernier ressort. La requête présentée au roi porte que les commissaires délégués par Sa Majesté avaient encore à juger plusieurs différends entre les usagers au sujet du droit d'usage, ainsi que ceux de M. Fyot de La Marche, président à mortier au Parlement de Bourgogne, seigneur de Cressey, se prétendant seigneur en partie de Chazeuil, avec M. de Valoux, seigneur de cette paroisse, au sujet de la haute justice et des droits seigneuriaux par eux prétendus respectivement dans la terre et seigneurie de Chazeuil. Mais des circonstances particulières ayant fait croire ensuite à ces commissaires qu'ils ne pouvaient plus connaître des contestations qui leur avaient été soumises, ils s'en déportèrent. Le roi révoqua alors la commission et les renvoya au sieur Barberie de Saint-Contest, intendant de Bourgo-

---

nial ces 300 arpents à eux accordés en 1588. Le comte de Tavanes voulut les désabuser en ne leur laissant que ce qui était nécessaire pour cet usage, au lieu de souffrir qu'ils continuassent de jouir de l'excédent pour le vendre et en appliquer les deniers à leur profit.

gne, qui faisait sa résidence à Dijon, pour les juger en dernier ressort, en y appelant des gradués au moins au nombre de cinq. M. de Saint-Contest ayant demandé à son tour à s'en démettre, le roi renvoya le tout à la Cour, par des lettres-patentes d'attribution, en conséquence desquelles les contestations furent retenues par arrêt du 20 janvier 1748. Le 24 du même mois, le comte de Tavanes obtint commission en chancellerie, à l'effet de faire assigner les usagers pour procéder sur les demandes formées par lui devant les commissaires contre chacun d'eux, à fin de justification de leurs titres dans les 300 arpents de la forêt de Velours, pour les réduire à 3 arpents par feu, en cas de justification, et de réunir le surplus à la propriété réservée au seigneur de Bourberain par l'arrêt de 1586, et, à défaut de justification, de voir ordonner que le tout demeurerait réuni au surplus de la forêt, et que défenses leur seraient faites de s'y immiscer, à peine; etc.

Les demandes du comte de Tavanes furent débattues et contestées vivement par les usagers; il fut question de savoir s'il était fondé ou non à s'approprier, à leur préjudice, les droits d'usages sur les maisons tombées en ruine par leur vétusté. Le comte de Tavanes mit tout en œuvre pour leur faire perdre gain de cause. C'était un homme puissant à la cour, et ses agents imprimaient la crainte de son pouvoir et de sa personne. Ses contestations avec les usagers donnèrent lieu à des procédures à l'infini. J'aurais trop à faire si j'entreprenais de reproduire en cette notice tous les longs incidents de ce grand procès, qui, d'ailleurs, sont peu dignes d'être relatés. Les prétentions du comte de Tavanes, ayant paru n'avoir pour but qu'un motif d'intérêt ou de vexation, furent condamnées par un arrêt du Parlement en date du 9 juillet 1755, et les usagers furent maintenus sur les 3oo arpents à eux adjugés en 1588, pour en jouir comme par le passé et conformément à l'ordonnance du commissaire député pour l'exécution de l'arrêt de 1586.

Nouvelles contestations entre les usagers.

Les contestations des habitants de Chazeuil avec le comte de Tavanes ne furent pas plutôt terminées, que plusieurs d'entre eux en élevèrent d'autres sur ce que chacun devait posséder en particulier de droits d'usages. Ces contestations donnèrent encore lieu à un procès considérable et très-compliqué pardevant le Parlement de Paris. Cette cour lui consacra beaucoup d'audiences sans rendre aucun jugement définitif. Plusieurs usagers, des plus notables, qui prétendaient avoir beaucoup plus de droits que les autres, s'érigeaient en chefs absolus, disposaient de tout à leur gré dans les bois, empruntaient de grosses sommes d'argent pour procéder; quelques-uns allaient à Paris à grands frais et n'y faisaient rien : l'un d'eux (André Millot), en voulant ruiner la commune, se ruina lui-même et alla mourir à l'hôpital. Le procès, qui par sa longueur et ses difficultés était vraiment un chaos impénétrable, se continua sous diverses formes entre les habitants jusqu'à la Révolution de 1790, époque où les parlements furent supprimés et la législation changée en France.

Depuis le commencement du procès, le désordre s'était introduit dans les bois de Chazeuil; ils étaient en proie à la dévastation. Des particuliers les mettaient journellement au pillage sous prétexte qu'ils étaient usagers et que le bois qu'ils coupaient provenait de leur portion, comme si ce bois eût été divisé entre tous les usagers. Impossible alors aux habitants de s'entendre pour arrêter la dévastation de leurs bois et pour délibérer sur le parti à prendre tant pour faire reconnaître les droits d'usages qu'autrement. La connaissance de cette affaire fut portée au tribunal du district d'Is-sur-Tille, dans le mois de juillet 1791 ; mais elle lui parut tellement embrouillée, qu'il ne voulut rien décider et qu'il renvoya les parties pardevant le juge de paix de Selongey : trente usagers environ y comparurent au mois d'octobre suivant. Le juge de paix, après avoir essayé inutilement de concilier les parties présentes, les renvoya à se pourvoir devant juges compétents.

Un commissaire de la marine, étant venu alors à la forêt de Chazeuil avec pouvoir de choisir les pièces propres à la fabrication des navires, engagea les habitants à rendre leur bois communal. Ils élevèrent quelques difficultés, les uns sur les dépenses qu'ils avaient faites au sujet de ce bois, les autres sur la quantité de leurs prétendus droits et sur les nouveaux venus à la commune qui n'y devaient rien prétendre. Il fut ensuite résolu, d'un commun accord, que l'on ferait une transaction pour rendre le bois communal, et que l'on rembourserait ceux qui prouveraient avoir fait des avances pour le procès concernant le bois. La transaction eut lieu le 8 juin 1793 ; on paya ceux à qui il était dû à vue de leurs pièces ; le bois se partagea également ; tous les habitants parurent contents ; il y en eut même qui, pour le bien de la paix, rendirent à des étrangers le prix qu'ils avaient reçu pour la vente de droits. On fit encore une coupe d'un commun accord, chacun prit sa portion, et tout parut bien paisible. Mais, à une nouvelle assemblée pour faire une autre coupe, il s'éleva quelques difficultés sur les lots; trois ou quatre individus se mutinèrent et dirent qu'ils ne voulaient plus que le bois fût communal. L'assemblée fut rompue : les révoltés firent quelques procédures; une partie des habitants se réunit au corps de la commune, et, vu le grand besoin que chacun avait de bois pour son chauffage, il fut résolu que la coupe à laquelle s'étaient opposés quelques gens malintentionnés se continuerait. On fit donc des lots; les révoltés, sous prétexte que la transaction acceptée et signée par eux comme par les autres habitants n'avait pas été homologuée, refusèrent de prendre les leurs, firent descendre la maîtrise des eaux et forêts et mettre la commune au greffe, prétendant qu'on s'emparait de leurs bois, qu'on les volait.... Une commission composée de six membres fut députée ensuite à Dijon, à l'effet de solliciter l'autorisation de faire la coupe en question. Elle fut accordée en faveur de tous ceux qui étaient nés dans le pays. Mais, par un décret impérial du 17 août 1804, tous les bois furent mis en commun; ce qui termina d'une manière définitive toutes les contestations qui s'étaient élevées jusqu'alors à leur sujet.

Contestations, procès au sujet des Accrues.

Les cantons de bois appelés *les Accrues* étaient autrefois en terres labourables. Il paraît que ces terres, situées le long des bois, avaient été relâchées à la communauté de Chazeuil par les anciens seigneurs de la forêt de Velours, pour se rédimer d'un droit d'usage dû à cette communauté dans cette forêt. Ces terres donnèrent lieu à de graves contestations entre Jean de Bessey (1), propriétaire de cette forêt, et les habitants de Chazeuil. La prétention de ceux-ci était qu'ils avaient la *possession et propriété des terres labourables assises, situées et faisant partie de la pièce de Velours*. Ils ajoutaient qu'*à bon et juste titre, eux et leurs prédécesseurs, de toute ancienneté, avaient joui desdites terres et leur appartenaient, et que de la jouissance et propriété d'icelles à tort ledit seigneur les avait troublés et empêchés.*

Celle du seigneur était, au contraire, que *lesdits habitants n'avaient oncques joui desdites terres, et lui appartenaient en tout droit de propriété et seigneurie, et où lesdits habitants en auraient ci-devant joui, ç'aurait été à titre de précaire sous le bon vouloir et plaisir de lui et de ses prédécesseurs.....* Ces contestations furent suivies d'un procès tant à la cour du Parlement de Paris qu'au bailliage de Sens. Ce procès occasionna aux parties *de gros frais et dépens*, et l'on était *en voie d'y consumer plus gros deniers. Pour à quoi obvier, nourrir paix et*

---

(1) Il était père d'Anne de Bessey dont il a été parlé plus haut. — Un titre, en date du 20 juin 1561, porte qu'un habitant de Chazeuil, nommé Antoine Gachot, qui demeurait dans la rue d'Ossey, outre son droit d'usage en la forêt de Velours, était fondé et avait droit de prendre, par toute ladite forêt, tant pour ses commodités que pour celles de ses hoirs, toute sorte de bois, mort ou vif, et ce par *concession, donation et acquêt* par lui fait de puissant seigneur messire Jean de Bessey, baron de Til-Châtel, moyennant la redevance annuelle que ledit Gachot et ses hoirs étaient tenus de payer audit baron ou à son successeur, au château de Til-Châtel, de la somme de 10 sous et une poule, à peine d'amende de 3 sous.

amitié, les parties passèrent, le 12 avril 1561, une transaction dont voici les motifs et les dispositions principales : Le seigneur *abandonne les droits qu'il peut prétendre ès dites terres à tous et un chacun desdits habitants, à condition de lui payer à l'avenir pour chacun arpent* 12 *deniers tournois de cens annuel; de lui payer, en outre, la douzième gerbe de telle graine qui proviendra ès dites terres; que les habitants seront tenus de cultiver sans faute et sans les délaisser plus de trois ans en friche; autrement*, est-il ajouté, *en pourra ledit seigneur disposer à son vouloir, après ce temps, sans que lesdits habitants se puissent remettre ès dites terres délaissées ou labourées...* Cette transaction accordait aux habitants de Chazeuil la faculté, pendant trois années, de racheter le cens de 12 deniers tournois, moyennant 25 sous. Il paraît qu'ils négligèrent de cultiver quelques portions de terres mentionnées dans la transaction, notamment celles du voisinage des bois à eux adjugés en 1588; que cette négligence facilita les accrues de ces bois sur ces portions de terres, qui se trouvent aujourd'hui converties en nature de bois, et que les seigneurs mirent cette circonstance à profit pour s'en emparer comme biens vacants, attribués, par l'ancien droit, à la qualité de hauts justiciers, comme profit de la haute justice.

En 1791, les habitants de Chazeuil annoncèrent, par une sommation, l'intention où ils étaient de rentrer dans la possession de ces bois et de refuser la douzième gerbe des grains sur les terres de Velours. Le fondé de pouvoirs de M. de Saulx-Tavanes, pour les engager à se désister, leur soutint que les bois en question étaient depuis longtemps dans les mains de M. de Saulx-Tavares, et que le droit de la douzième gerbe était établi par un titre, c'est-à-dire par la transaction du 12 avril 1561, dont il leur fit donner copie le 11 mai 1791. A cette époque, les lois du 10 juin 1793 n'existaient pas encore ; aussi les corps administratifs, auxquels les habitants de Chazeuil présentèrent une pétition pour être autorisés à plaider, leur refusèrent l'autorisation par la raison que l'objet de leur demande, surtout à l'égard du droit de la douzième gerbe, ne concernait point le corps de la commune. L'émigration de la famille de Saulx-Tavanes fut cause que les habitants ne purent continuer leurs poursuites au sujet du bois des Accrues qu'en 1811 ou 1812. Je n'ai pu me procurer les pièces de ce procès, qui donna lieu à beaucoup d'instances et de débats. La commune le perdit, à ce qu'il paraît, par la faute de ses avocats, qui, prêtant l'oreille à de funestes suggestions, trahirent indignement leur mandat. Elle fut dépossédée d'environ 40 hectares de bois, et, de plus, condamnée à payer tous les frais de la procédure, qui montèrent à une somme considérable.

Invasion du protestantisme à Chazeuil. Population ancienne de cette paroisse. Epidémies. Guerres, etc.

Dans le courant du XVIe siècle, les erreurs de Luther et de Calvin faisaient invasion partout et avaient pénétré jusque dans ces paisibles contrées. Une partie des habitants de Chazeuil cessa d'être catholique en embrassant la religion prétendue réformée, vers 1556. L'évêque de Langres d'alors était le cardinal de Givry, qui, voyant l'hérésie s'introduire de tous côtés dans son diocèse, mourut de chagrin dans son château de Mussy, en 1561 (1). Il y avait encore à Chazeuil, après la révocation de l'édit de Nantes, en 1685, quelques *huguenots* qui abjurèrent au lit de la mort. C'est le nom qu'on donnait en France aux calvinistes ou luthériens.

Il paraît hors de doute que Chazeuil a été autrefois plus considérable que de nos jours. On en a la preuve dans la déclaration des maisons ayant droit d'usages en la forêt de Velours, faite en 1588; il y en avait 69 dans la rue de Bèze, 48 dans la rue du Chêne, 37 dans la rue d'Ossey et 5 dans la rue d'Orville. On m'a parlé de quelque titre ancien, qui n'est pas parvenu jusqu'à nous, et qui portait, dit-on, que le pays avait renfermé jusqu'à 360 feux. Ce chiffre, qui lui aurait donné une population de plus de mille habitants, ne me paraît nullement probable (2). Quoi qu'il en soit, toujours est-il que la population de ce village a bien diminué par suite des malheurs qui se sont, pour ainsi dire, accumulés pour consommer sa ruine pendant les diverses périodes du moyen-âge. D'après les Annales ecclésiastiques du diocèse de Langres, les épidémies ont fait de grands ravages à Chazeuil; des fièvres meurtrières, des maladies putrides y ont promené maintes fois la mort (3). La peste de

(1) Il faisait son séjour le plus ordinaire au château de Fontaine-Française, qu'il avait fait réparer et embellir.
(2) La population de Chazeuil est aujourd'hui (1849) de 422 habitants.
(3) Je pense qu'il faut attribuer ces fléaux à la nourriture grossière dont usaient alors les habitants, au défaut de linge, à la privation de vin, bien rare en ces temps-là. L'indigence était extrême, les récoltes étaient faibles, parce que l'agriculture était sans principe et languissait partout. Chazeuil, en outre, n'est pas aussi salubre qu'on pourrait se l'imaginer; il est positif que les maisons en sont plus ou moins malsaines, étant construites sur un

1347 y laissa des marques de sa violence ; une partie de la population succomba sous les atteintes du mal. Cette année-là fut calamiteuse pour toute la France. La peste recommença en 1361, et le pays vit encore sa population décimée par ce fléau ; il en fut de même en 1438. Il fut désolé aussi, en 1595, par la famine et la peste, suites des guerres : le tiers des habitants de cette contrée périt de misère. On vit les mêmes fléaux se renouveler en 1637. Beaucoup d'habitants de ce village furent atteints de la cholérine en 1832 ; plusieurs furent emportés par cette maladie, qui présentait moins de dangers que le choléra-morbus, lequel causa tant d'alarmes et fit tant de victimes en France à cette époque.

terrain humide, rendu tel par les eaux pluviales qui, interceptées par les rochers continus qu'on trouve à quelques pieds de profondeur dans toute l'étendue du pays, restent à la surface du sol. Une autre cause d'insalubrité qui n'existait pas autrefois pour le village, c'est cette mare bourbeuse qui en occupe le centre. De ses eaux croupissantes s'échappent, surtout pendant les fortes chaleurs de juillet et d'août, des miasmes pernicieux qui ne peuvent que contribuer au développement et à la propagation des fièvres et des maladies. Les bains pris dans cette eau font plus de mal que de bien ; elle est un foyer de décomposition de matières végétales et animales. Elle contient, de plus, une foule d'insectes capables de porter le ravage dans les tissus. Au dire des médecins et vétérinaires les plus habiles, elle ne vaut rien ni pour les hommes ni pour les bêtes. Ces considérations devraient puissamment porter la commune à la supprimer ; on pourrait s'en passer aujourd'hui comme autrefois, puisqu'elle ne fut établie que vers le commencement du XVIIe siècle. On avait cru alors qu'une mare serait plus avantageuse pour le village que des puits ; il y en avait 7 ou 8 à l'endroit qu'elle occupe, et l'on en aperçoit encore quelques-uns quand la mare est à sec, ce qui arrive rarement. Quant aux eaux des rues qui s'y rendent, elles allaient se perdre par un aqueduc couvert dans le clos du château. J'oubliais de dire qu'en moins d'un siècle quatre individus ont déjà trouvé la mort dans cette mare. On devrait donc bien la combler de pierres ; elles ne font pas défaut à Chazeuil ; la nature s'en est rendue assez prodigue. On ferait de l'emplacement qu'elle occupe une belle place publique, après qu'on aurait creusé un vaste puits au milieu. L'eau des rues irait se perdre comme autrefois, par un conduit souterrain, dans le clos du château.

Pendant les guerres des Anglais, dans les XIVe et XVe siècles, Chazeuil eut beaucoup à souffrir des incursions des ennemis, surtout du passage des Grandes-Compagnies, qui étaient un ramas de soldats brutaux de différents pays, Anglais, Gascons, Navarrois, Bretons, Français, etc., qui, se trouvant sans solde et abandonnés, formèrent une armée indisciplinée qui parcourait par bandes les provinces de France et les désolait. En 1430, Chazeuil fut pillé et ravagé par les Bourguignons et les factieux ; il en fut de même pendant la guerre que se firent les sires de Vergy et de Château-Villain. Dans ces temps malheureux, les capitaines et les soldats de tous les partis se comportaient en brigands, quelque part qu'ils fussent en garnison. Souvent ils méprisaient les ordres qu'ils recevaient d'évacuer une place. Acharnés à mettre le voisinage à contribution, ils enlevaient tout le fruit des travaux des habitants de la campagne.

En 1437, Chazeuil et ses environs furent infestés de bandes armées connues sous le nom d'*écorcheurs*, qui se livraient aux plus abominables traitements envers les habitants pour en tirer de l'argent. Partout leurs pas étaient marqués par le viol, le meurtre, l'incendie et la barbarie la plus épouvantable. Ils étaient conduits par des chefs renommés, Villandras, Chabannes et le Bâtard de Bourbon. La terreur qu'ils répandaient faisait fuir les habitants des campagnes, qui quittaient leurs maisons et se réfugiaient où ils pouvaient. Ces bandits allèrent se cantonner à Til-Châtel, Gémeaux, Pichanges, et ravageaient la contrée (1). En 1513, 45 mille Suisses,

---

(1) Leurs chefs, ayant été pris, furent pendus ; le Bâtard de Bourbon, arrêté à Bar-sur-Aube, fut condamné à être enfermé dans un sac et jeté dans la

en allant mettre le siége devant Dijon, se livrèrent à tous les excès dans les lieux de leur passage, brûlant les villages, égorgeant les hommes, violant les femmes. Sacquenay, Fontaine-Française, Chazeuil, Véronnes, Lux, Til-Châtel, Is-sur-Tille, Marey furent victimes de leur fureur et de leur brutalité. En 1576, les reîtres, que les calvinistes avaient appelés à leur secours, saccagèrent encore Chazeuil et tout le Montsaujonnais en marchant sur Dijon, dont ils s'emparèrent. Dans ces conjonctures, les habitants de Chazeuil se retiraient dans les bois ou dans l'enceinte du château, emportant avec eux ce qu'ils avaient de plus précieux. Du haut de la tour, d'où ils voyaient leurs maisons en feu, ils écrasaient les assaillants à coups de pierre ou versaient sur eux des huiles ou des eaux bouillantes. Mais le plus grand désastre pour le pays arriva en 1636. Un parti de l'armée de Galas (1) y causa les plus grands dommages ; plus des trois quarts des maisons furent la proie des flammes (2) ; l'église fut pillée, les bestiaux enlevés, quelques habitants massacrés et le pays réduit à la plus grande misère. Tous les habitants de cette contrée furent cruellement maltraités

---

rivière. Ses amis firent retirer son corps de l'eau, donnèrent de l'argent pour le faire inhumer honorablement et pour faire construire sur le pont, en mémoire de cet événement, une petite chapelle qui existe encore et que j'ai visitée en 1832.

(1) Général de l'armée impériale, qui était entré en France avec plus de 60 mille hommes pour faire la conquête de la Bourgogne.

(2) Quelques-uns prétendent qu'il n'y eut alors dans le village qu'un *seul chapt* de maison qui échappa aux flammes, et que de ce *seul-chapt* est venu le nom de *Chaseul*, qu'on aurait écrit d'abord *Chaptseul*. Mais cette prétention n'a aucun fondement, puisqu'il est démontré que le village portait ce nom avant d'être brûlé par les gens de Galas. Si telle était d'ailleurs l'origine du nom de *Chazeul*, on devrait savoir, alors, le nom que le pays portait avant les événements de 1636, car assurément il en avait un ; quel était-il ? on ne le dit pas.

cette année-là ; il serait trop long de relater les cruautés, les incendies et les ravages qui s'y commirent par les impériaux. Pendant les troubles de la Fronde, en 1650, Chazeuil souffrit encore du passage des troupes des sieurs de Languesuc et de Tavanes, qui y vivaient à discrétion, battaient et outrageaient les habitants. Une compagnie de chevaux-légers, conduits par d'Antignat, seigneur de Courlon, près Grancey-le-Château, y signala aussi son passage à la même époque par toutes sortes de vexations. Les habitants de Sacquenay n'avaient pu s'en débarrasser qu'en payant 1,400 livres, somme considérable pour ce temps-là. En 1761, une compagnie revenant des guerres du Hanôvre séjourna quelques semaines à Chazeuil, au mois de mai ou juin; mais il ne paraît pas que les habitants aient eu à s'en plaindre. La révolution de 1790 se passa en ce pays sans laisser de souvenirs regrettables, si ce n'est la spoliation du mobilier de l'église exécutée par les ordres du directoire du département.

En juillet 1789, on répandit par toute la France le bruit que des brigands armés allaient de pays en pays, détruisant les moissons, incendiant les maisons, pillant les villages et mettant tout à feu et à sang. Aussitôt que cette fausse nouvelle parvint à Chazeuil, le tocsin appela les habitants; chacun chercha des armes; les trois quarts de la population se trouvèrent armés: d'anciens militaires prirent le commandement. On fit dans les environs des excursions qui n'aboutirent à aucune découverte ; on courut jusqu'à Montsaujon, où l'on avait dit que les brigands étaient arrivés ; on apprit bientôt que ce n'était qu'une fausse alerte.

Lors de l'invasion étrangère qui, en 1814, avait pour but le renversement de l'empereur Napoléon, Chazeuil, détourné de la grande route, ne fut point exposé aux désordres qui accompagnent les campements et les batailles, mais il ne fut pas exempt de contributions. Des Bavarois, des Wurtembergeois, des Russes, etc., y séjournèrent plusieurs semaines au dépens des habitants.

Les archives de la commune, que j'ai consultées dans l'espoir de rencontrer quelques faits, quelques événements dont le souvenir méritât d'être conservé, n'ont point répondu à mon attente. Je n'y ai trouvé que des pièces relatives aux procès concernant les droits d'usage en la forêt de Velours. Je n'ai rien découvert qui eût rapport aux vexations occasionnées par le passage et l'insubordination des troupes nationales pendant les guerres civiles, ou aux meurtres, aux rapines, aux dévastations commises par les armées étrangères. Je n'ai donc pu relater que ce que des actes puisés dans d'autres sources m'ont appris à ce sujet.

Donation de l'évêque Geilon; pèlerinages; processions.

En 883, Geilon, ou Gilon, évêque de Langres, donna l'église de Chazeuil à l'abbaye de Bèze pour l'aider à subvenir à la dépense que devait entraîner l'affluence des fidèles venant visiter le corps de saint Prudent, martyr, autrefois archidiacre de Narbonne, qu'il avait tiré d'une chapelle abandonnée et qu'il avait déposé à cette abbaye, lors d'un voyage qu'il fit à Saint-Jacques-de-Compostelle. Les reliques de ce saint furent en si grande vénération pendant les X° et XI° siècles, qu'on venait en pèlerinage à Bèze de toutes parts, jusque de Châtillon-sur-Seine; beaucoup de miracles s'opéraient par son intercession, en faveur des estropiés, des paralytiques et des malades de toutes sortes. C'était alors le pèlerinage le plus fréquenté des habitants de Chazeuil. Dans la suite, ce fut à Notre-Dame de Gray qu'ils allaient demander la guérison de leurs maladies ou accomplir des vœux. Les miracles qui s'y faisaient journellement attiraient de toutes parts en cette ville une multitude prodigieuse de personnes, par l'intérêt pressant de la vie et de la santé (1). C'était surtout au 8 septembre que, chaque année, les habitants de ce village y accouraient en foule; les pères, les mères racontaient à leurs enfants les petites aventures de leurs voyages et leur inspiraient le désir de les imiter.

Non loin de la paroisse de Véronnes s'élève, dans une vallée solitaire, une chapelle connue sous le nom d'Ermitage-de-Sainte-Anne. Les habitants de Chazeuil, notamment les femmes et les jeunes filles, avaient coutume de s'y rendre souvent en pèlerinage pour y pratiquer des actes de dévotion : ils s'y rendaient principalement le mardi de Pâques, où il y avait grand apport vers cette chapelle.

---

(1) Les miracles qui, dans le principe, se faisaient si fréquemment aux lieux de dévotion, devaient nécessairement y attirer beaucoup de monde; voilà ce qui explique l'origine de ces concours, de ces pèlerinages à tant de lieux de dévotion, en France et ailleurs. Si les miracles y sont rares de nos jours, c'est parce que la foi est devenue rare. Sans la foi on n'obtient rien, parce que sans elle il est impossible de plaire à Dieu.

Autrefois nos bons pères, qui croyaient, comme Bossuet, que Dieu tient en ses mains le gouvernement du monde, et qu'il peut quelque chose dans l'arrangement des saisons, allaient en procession fort loin pour le beau temps, pour la pluie, pour la peste et dans tous les fléaux publics, afin d'obtenir consolation, secours et délivrance. Les habitants de Chazeuil allaient à Saint-Roch, en la paroisse de Bouberain. En 1784, une grande sécheresse désolait cette contrée ; une procession nombreuse se fit à Saint-Roch au mois de juillet ; elle n'était pas rentrée au pays que la pluie tombait avec abondance.

Revenus de la cure. — Liste des curés.

La cure de Chazeuil était, avant les événements de 92, à portion congrue que payaient les habitants. Selon le Pouillé imprimé à Paris en 1648 sur les originaux et les registres du Clergé de France, cette cure valait alors 616 francs. Mais le Pouillé de tous les bénéfices de l'ancien diocèse de Langres, écrit en 1730, porte qu'elle avait de revenus, charges déduites, 314 francs. D'après la déclaration fournie par le fermier de la cure en 1781, elle possédait 41 journaux et 3 ouvrées de terres labourables, pour le fermage desquelles le curé percevait 40 mesures de blé et autant d'avoine. Sur ces 41 journaux il y en avait environ une vingtaine qui étaient chargés de vingt-deux messes, tant hautes que basses, avec bénédiction du Saint-Sacrement les quatre principales fêtes de l'année et la fête patronale ; du cantique *Benedictus* et de l'antienne *Inviolata* qu'on allait chanter à l'autel de la sainte Vierge tous les dimanches de l'année après vêpres.

Chazeuil n'ayant aucune corporation religieuse dans son enceinte, il ne s'y trouva, lors de la loi de septembre 1790, que peu de biens nationaux à vendre ; c'étaient ceux de la cure et de la fabrique, qui consistaient en terres labourables. Tous furent vendus au district d'Is-sur-Tille, à l'exception de deux pièces, de la contenance de trois ouvrées chacune environ, sises l'une au lieu dit *Lacouvre*, l'autre en *Champdenvi*. Il fut alors convenu, d'un commun accord, entre les officiers municipaux et les notables du lieu, que lesdites pièces de terre seraient, à cause de leur proximité du village, réservées en indemnité de jardin pour la cure ; celui d'alors avait paru beaucoup trop petit. En conséquence, il ne fut pas fait mention dans la déclaration à présenter au district des terres appartenant soit à la cure soit à la fabrique. Les fonds, au lieu d'être versés dans la caisse des domaines, furent transmis à l'hospice de Dijon, ainsi que les obligations passées au profit desdites cure et fabrique.

La cure de Chazeuil était à la nomination de l'abbé de Bèze. Il est à présumer que ce fut la donation de l'évêque Geilon, relatée plus haut, qui avait conféré à cet abbé le droit de présentation à cette cure. Anciennement il y avait, outre le curé, un chapelain attaché à l'église de ce village, lequel desservait une chapelle fondée (1) et dotée, dédiée à saint Sympho-

---

(1) En l'église paroissiale.

rien. Elle était aussi à collation de l'abbé de Bèze, et valait 18 francs par an.

Pendant la vacance de la cure, qui durait souvent plusieurs mois, quelquefois un an, la paroisse était desservie provisoirement par des prêtres qu'on y envoyait en qualité de vicaires ou desservants (1). De tous les curés (en titre) qui ont administré cette paroisse jusqu'en 1641, on n'en connaît qu'un seul, nommé Martin Gachot, mort vers la fin du XVIe siècle, dont la tombe se voit à l'église près du maître-autel. Voici les noms de ceux qui, depuis 1641, ont, par une succession immédiate, administré la paroisse, avec la date approximative de leurs prises de possession : Antoine Garnier, 1641 ; Jean Bertin, 1668 ; Cottedefert, 1676 ; Donadey, 1686 ; Henri France, 1699 ; Maréchal, 1702 ; Nicolas Vaillant, 1709 ; François Durand, 1716 ; Laurent Dauberive, 1719 ; Christophe Horiet, 1726 ; Jacques-Nicolas Chaisseneau, 1735 ; Jean-Claude Guibel, 1777 ; Nicolas Japiot, 1779 ; Blenne, 1821 ; Mailley, 1823 ; Ormancey, 1829 ; Ecoffey, 1833 ; Maurice Tynturié, auteur de cette Notice, 1837.

La Chapelle, Champ-de-l'Amiral, La Folle, Drouy, Garenne, Moulin-à-Vent, Chemin-des-Fées.

Le vaste territoire de Chazeuil présente çà et là les ruines de métairies qu'on croit avoir été détruites à l'é-

---

(1) On entendait alors par *desservant* un prêtre de secours qui n'avait que des pouvoirs de vicaire, soit pour être attaché à une chapelle qui dépendait d'une paroisse, soit pour gouverner une paroisse pendant la vacance de la cure, ou pendant l'absence ou la maladie du curé.

poque des guerres. Dans certains endroits des cantons appelés : *La Chapelle*, *Champ-de-l'Amiral*, *La Folle*, on trouve des pierres de construction et de nombreux débris de tuiles à rebord, comme on en rencontre ordinairement dans les anciennes constructions romaines. Le premier, comme l'indique son nom, a été le siége d'une chapelle, détruite apparemment au XVIe siècle par les religionnaires ou prétendus réformés. On a trouvé, dans l'emplacement qu'elle occupait, une petite statue de la sainte Vierge ; ce qui porte à croire qu'elle lui était consacrée. Le *Champ-de-l'Amiral* a été occupé, à ce qu'il paraît, par une maison de Templiers (1) qu'on dit avoir été brûlée ; c'était sans doute une succursale des Templiers de la commanderie de la Romagne, qui n'en est pas éloignée. Quelques-uns prétendent que cette maison, fondée par un seigneur croisé *pour le repos de son ame, de celle de ses parents et le succès des armes des chrétiens*, était un hospice destiné à recevoir les voyageurs, et surtout ceux revenant de la Terre-Sainte. Le propriétaire actuel du terrain où s'élevait cet hospice y trouva, il y a quelques années, des fragments d'ustensiles en métal et des pièces de monnaie dont il n'a rien conservé. Tout porte à croire que des fouilles pratiquées dans ce lieu amèneraient des découvertes importantes.

Suivant la tradition conservée au pays, *La Folle* a été anciennement occupée par une maison conventuelle, qui parait avoir été ruinée pendant les guerres de reli-

---

(1) **Les Templiers** étaient un ordre religieux et militaire établi en 1118, et supprimé en 1312.

gion au XVI⁰ siècle. On a trouvé, tout près de ce climat, un sceau de saint Antoine en cuivre, de forme ovale, que j'ai vu ; sa longueur est de 5 centimètres et sa largeur de 35 millimètres. Le saint y est représenté avec une croix grecque à ses pieds ; l'animal qui sert à le faire reconnaître n'y est pas oublié. Autour de ce sceau on lit ces mots en caractères romains : *Sigillum sancti Anthonii*. La découverte de ce sceau si près de *La Folle* induit fort à croire que la maison conventuelle qui se voyait en cette contrée était une commanderie de l'ordre de saint Antoine, une sorte d'hôpital ou de léproserie fondée par les seigneurs de Chazeuil pour les pauvres du lieu et les pèlerins, vers la fin du XI⁰ siècle (1). Cette découverte ne peut s'expliquer, ce semble, autrement que je viens de dire.

Le climat de Drouy, où l'on trouve aussi des vestiges de constructions, était jadis une propriété communale d'environ 500 arpents, selon un mémoire que j'ai lu aux archives du château de Lux ; une partie était emplantée de bois ou en friche et servait de pâturage. En 1737, Jean-Claude de Valoux, seigneur de Chazeuil, s'en empara et le fit garder ; si des bestiaux venaient à s'y trouver, il faisait condamner ceux à qui ils appartenaient à 60 livres d'amende ; il y avait, dans ce canton, des terres labourables qui avaient servi, dans le temps, à fonder en l'église de Chazeuil une chapelle à deux ou trois messes par semaine ; mais ce seigneur n'en faisait

---

(1) A cette époque survint une maladie appelée le Feu de saint Antoine et le *Mal des ardents*, qui enleva la moitié de la population bourguignonne et donna naissance à l'ordre des Antonins, religieux hospitaliers ainsi nommés parce qu'ils invoquèrent saint Antoine pour être délivrés de la contagion.

acquitter aucune (1). L'usurpation de M. de Valoux donna lieu à une instance par appel à la Table de Marbre du Palais, à Paris. Elle resta pendante jusqu'au temps où la seigneurie de Chazeuil passa à M. de Saint-Julien. Celui-ci fit revivre les mêmes prétentions que son prédécesseur sur les terres du climat de Drouy; mais il fut condamné et les habitants maintenus; il parvint toutefois à s'en ressaisir dans la suite, sans qu'on sache positivement par quels moyens il en vint à bout; il en fit arracher le bois par les habitants de Fontaine-Française.

C'était à lui qu'appartenait cette petite et délicieuse Garenne où je vais si fréquemment chercher le repos, le calme et le recueillement; elle est en carré et à une portée de fusil du village. Les seigneurs l'avaient autrefois fait entourer de murailles pour y placer du gibier, et l'on y entrait par une grande porte en fer.

C'était encore à M. de Saint-Julien qu'appartenait ce Moulin-à-Vent de forme circulaire, dont on voit de si loin les hautes murailles sur le climat dit *Lallier*; il allait encore en 1765. Un titre ancien (2), où il est fait mention de ce moulin, constate l'existence d'un puits de 105 pieds de profondeur *près la maison du farinier*. Du monticule où est situé ce moulin on jouit d'une vue très-étendue, et l'on découvre les tours de l'église de Langres, les Alpes, le Mont-Jura et un grand nombre de villages. L'horizon est borné, de l'ouest au nord, par des montagnes boisées d'un effet aussi varié qu'agréable;

---

(1) Selon ce que j'ai lu dans une lettre écrite par un anonyme au comte de Tavanes.
(2) Découvert aux archives du château de Fontaine-Française.

la vue s'arrête avec plaisir, au lointain, sur des forêts immenses. Le sommet de ce monticule est à 324 mètres au-dessus de la mer.

On découvre, à l'est du village, les restes d'une ancienne voie pavée en hérisson ; elle est tellement effacée par la culture, que ce n'est que quand on pénètre un peu avant dans le sol qu'on en trouve les vestiges incontestables. Elle tire en droite ligne de la chaussée romaine à la forêt de Velours ; il est indubitable que cette voie est celle-là même dont parlent les chroniqueurs, et qui allait de Montigny-le-Roi à Sacquenay, en passant par Torcenay, Montlandon, Chassigny, Dommarien. Elle se dirigeait, selon toute apparence, vers le lieu dit le *Val-d'Ogne* (près de Lux), où l'on prétend qu'il y avait une ville autrefois. Cette voie est appelée le *Chemin-des-Fées*, dénomination qui rappelle d'antiques superstitions celtiques.

Je me suis beaucoup occupé de la recherche des antiquités locales, mais je n'ai rien lu ou trouvé qui me convainquît que quelque chose d'intéressant, en fait d'antiquités, ait jamais été découvert sur le territoire de Chazeuil. Les habitants que j'ai interrogés n'en conservent aucun souvenir, ce qui fait présumer que cette localité n'a jamais été le théâtre d'événements importants.

Site de Chazeuil, maisons anciennes, productions du sol.

Depuis la transformation des provinces en départements, Chazeuil est compris dans celui de la Côte-d'Or, sur la lisière du département de la Haute-Marne. Il faisait autrefois partie du diocèse de Langres et du doyenné de Grancey-le-Château ; il est aujourd'hui dépendant de celui de Dijon et du canton de Selongey. La situation de ce village est assez riante ; généralement mal bâti, il ne possède que des maisons d'une construction lourde et peu gracieuse, toutes bâties en pierres et couvertes aussi de pierres plates auxquelles les habitants ont donné le nom de *laves*. Cette sorte de couverture est très-solide et peut résister à l'ouragan le plus violent, mais elle est pesante et exige une charpente très-forte pour la soutenir.

On voit en ce pays plusieurs maisons qui ont déjà plus de trois cents ans d'existence ; on entre en quelques-unes par des tourelles circulaires qui sont couvertes par un toit en forme de cloche, comme d'usage, et qui renferment les degrés pour monter aux étages supérieurs. Une de ces maisons est spécialement remarquable par les détails de l'intérieur. Sa façade est décorée d'une niche avec le simulacre d'un saint. Dans le principe, une pensée religieuse s'alliait presque toujours à l'idée d'une construction nouvelle, et l'on consacrait une maison comme on l'aurait fait d'une chapelle, soit à la sainte Vierge, soit au patron de la paroisse, ou à tel autre saint qu'on avait plus particulièrement en vénération. Cette sorte de consécration exigeait la présence d'une statue du saint ou de la sainte sous la protection duquel on plaçait sa maison, et les tailleurs d'images ne faisaient pas faute au besoin. Toutes les maisons de Chazeuil étaient anciennement décorées de petites niches ou habitacles plus ou moins ornés, où l'on voyait des statues ou figures de saints et saintes. Ils étaient ordinairement placés au-dessus des portes. Mais les idées religieuses s'étant affaiblies vers la fin du XVIe siècle, on ne retrouva plus que rarement ces allégories sacrées sur les maisons qu'on avait rebâties.

Chazeuil n'est arrosé par aucun cours d'eau. Des puits fournissent aux habitants l'eau nécessaire à la consommation. L'agriculture, autrefois dans un état déplorable, s'est bien améliorée depuis l'introduction des prairies artificielles, qui suppléent au défaut des prés naturels pour la nourriture du bétail rouge et des chevaux. Le finage, qui a environ trois lieues de circonférence, est borné presque de tous côtés par des bois. Le terrain, sec et pierreux, produit du blé, du seigle et toutes sortes de menus grains; froment renommé (1), laitage, légumes, fruits délicieux, gibier excellent; quelques petits cantons de vignes qui donnent du vin de médiocre qualité; plusieurs carrières de pierres mureuses et tégulaires; habitants laborieux, presque tous cultivateurs. Les plus anciennes familles sont les Gachot, les Peretmère, les Villotet, les Legros.

Ancien costume des habitants.

L'habillement des femmes de ce village n'était autrefois que d'étoffe faite de laine et de fil, c'est-à-dire de droguet de diverses couleurs; il consistait en un jupon très-court et un corset à longues basques; elles portaient

---

(1) C'était à Chazeuil que le prince de Condé, gouverneur de Bourgogne, faisait ses approvisionnements de blé. La qualité de gouverneur de Bourgogne l'obligeait à résider à Dijon.

un tablier surmonté d'une *bavette* coupée carrément, qui s'attachait sur le mouchoir du cou. Leur chaussure était une mule à haut talon ; elles se coiffaient d'un bonnet blanc à longues *barbes*, qu'elles laissaient tomber sur leurs épaules quand elles entraient à l'église, et qu'elles relevaient avec soin dès qu'elles en étaient sorties.

L'habillement des femmes aisées, ou riches, était de calmande pour les principales fêtes de l'année ; mais il ne différait pas, pour les jours de travail, de celui des autres femmes ; c'est-à-dire qu'il était de demi-droguet. Une croix en or, en argent, en cuivre ou en plomb était toujours suspendue à leur cou. — Un chapeau à trois cornes, un petit col blanc attaché derrière par une boucle d'acier, un gilet à larges poches tombant sur les cuisses, un habit aux basques carrées, une culotte courte et des bas drapés roulés sur le genou formaient le costume des hommes. Pour le travail, ils portaient de longues guêtres de toile, avec des jarretières en fil ou en cuir, comme les anciens militaires.

ÉGLISE.

Quand le voyageur porte son regard sur l'église de Chazeuil, son œil n'est pas agréablement frappé de la vue de cet édifice sacré. Il n'annonce, à l'extérieur, rien d'élégant ni de monumental; son plan est des plus simpler. Le temps a dévoré toutes les indications que l'on pouvait avoir sur cette église. Elle appartient à ce genre d'architecture qu'on a improprement appelé gothique, puisqu'elle ne nous vient pas des Goths, et que l'on devrait plutôt appeler architecture à ogive ou style ogival. C'est ce style qui a créé ces immenses et magnifiques cathédrales dont la majesté saisit le cœur d'un saint respect et élève l'ame jusqu'à Dieu, au premier pas qu'on fait dans leur enceinte.

L'église de Chazeuil, orientée suivant l'usage chrétien, s'ouvre par un pignon qui est sa façade, et se termine par un autre qui couronne son chevet. L'édifice est flanqué de contreforts dans toute son étendue, pour neutraliser la poussée des voûtes. Le clocher est placé, comme on le retrouve ordinairement dans les églises qui datent de l'époque romane, à l'intersection de la nef et du chœur. Un toit obtus, à quatre angles réunis au sommet, en formait primitivement le faîte; c'est aujourd'hui une pyramide quadrangulaire d'une médiocre élévation ; sa couverture, qui est en bois, fait exception dans l'édifice, entièrement recouvert de *laves;* sur chacune de ses faces sont des ouvertures cintrées pour l'émission du son des cloches. La toiture des collatéraux, qu'on appelle vulgairement les bas-côtés, repose, à sa naissance, sur une dentelure de modillons fort simples, ainsi que celle de la flèche du clocher. La porte d'entrée, à tympan trilobé, est toute romane; au-dessus de cette porte est une grande fenêtre circulaire pour éclairer la nef médiane. Voilà l'extérieur du monument; voyons l'intérieur. Ce qui frappe en y entrant, c'est l'extrême simplicité et le caractère vraiment religieux de son architecture. Aucun objet éclatant ne vient distraire les regards ni occuper l'esprit. L'emploi simultané de l'ogive et du plein-cintre bien constaté prouve que sa construction date du onzième ou du douzième siècle. Son âge lui donne un degré d'intérêt que ne peuvent offrir celles qui furent élevées beaucoup plus tard. Plus les églises sont anciennes, plus elles sont vénérables, parce qu'elles paraissent nous reporter à ce temps où la religion était à son berceau. Les églises de Véronnes, de Selongey, de Sacquenay furent bâties à la même époque comme dans le même style. Celle de Chazeuil présente peu de régularité dans le plan, peu de rectitude dans les lignes, peu d'harmonie dans l'ensemble. Trois piliers à droite et trois à gauche, régulièrement espacés, forment et divisent les trois nefs dont elle se compose. Ces piliers sont courts, massifs et grossièrement exécutés; les voûtes sont en ogive ainsi que les arcs-doubleaux qui dessinent et séparent les travées. Elles sont à simples nervures croisées, dont la retombée repose sur des culs-de-lampe ou sur des chapiteaux. Celles de la seconde travée de la nef principale sont supportées par des figures humaines grotesques; c'est la seule trace d'ornements sculptés qui existe à l'intérieur de l'église.

Les bas-côtés du chœur comprennent trois travées et sont terminés par un mur droit percé d'une fenêtre à plein-cintre. Outre cette fenêtre, celui du sud en a trois autres qui apportent le jour au centre de l'église par autant de travées; celui du nord en est dépourvu. Le chœur est éclairé par une fenêtre au nord et par une autre au midi. Ces deux fenêtres, ainsi que celles qui terminent les collatéraux à l'occident, ont été un peu élargies et développées dans le courant du XVIIIe siècle.

L'édifice, à l'orient, est percé de trois fenêtres groupées et de cette forme que les antiquaires appellent *lancettes*; disposition qui, à ce que l'on présume, a dans son origine servi à reproduire l'idée mystique de la Trinité. La fenêtre du milieu est décorée d'un petit vitrail remarquable par la beauté de l'exécution; c'est le seul qui existe à Chazeuil; c'est dommage qu'il soit en partie rompu et qu'il ait perdu son lustre par la poussière. Jésus-Christ y est représenté en croix, avec la Vierge, sa mère, et saint Jean son disciple bien-aimé. La nef médiane est divisée en cinq travées plus larges ou plus élevées les unes que les autres. La voûte de celle du centre est très-basse, ce qui produit l'effet le plus désagréable; cet abaissement a été déterminé par la disposition vicieuse du clocher (1).

(1) L'église de ce village, dédiée sous le vocable de Saint-Symphorien, martyr d'Autun, a été bien décorée depuis 12 ans. — Les pierres qui ont servi à

Voilà l'église dans son ensemble et ses détails, telle que nos pieux ancêtres nous l'ont léguée. Eh bien! cet édifice si simple dans sa forme, si pâle dans une description, si froid à l'analyse, parle au cœur du fidèle; il est le charme de l'ame sensible; il plaira aux amis d'une architecture simple et aux amateurs des vieilles choses. Je l'aime beaucoup : c'est ma cathédrale à moi, c'est mon église aimée entre mille. Si j'avais un vœu à émettre, ce serait celui de voir prolonger cet édifice à l'occident. Plût à Dieu qu'on eût les fonds nécessaires pour cela! on n'aurait qu'à ajouter une travée à chaque bas-côté et deux à la nef du centre; la porte d'entrée serait établie entre les deux chapelles collatérales. Il en résulterait que le monument serait plus régulier et plus beau.

L'église a été construite sans sacristie au dehors, selon l'usage du temps où sa construction a eu lieu. La sacristie était établie près la porte latérale qui mène au presbytère; elle occupait la travée adjacente à cette porte. Il n'y avait pas là d'autel alors; elle était boisée, et éclairée par une fenêtre qu'on a supprimée. Elle fut placée, dans la suite, sur le côté du chœur. Ce ne fut que dans le courant du XVIIIe siècle qu'on en construisit une en dehors de l'église, au midi, qui est l'exposition la plus favorable pour la conservation des objets que doit renfermer une sacristie. Comme elle était trop petite, on l'a agrandie dans ces derniers temps. A la même époque a eu lieu la construction de cette chapelle additionnelle qui est à l'extrémité du bas-côté septentrional, et où sont renfermés les fonts baptismaux.

sa construction ont été extraites, suivant la tradition locale, de la carrière de *Velours*, située sur le finage.

Vers la fin du XIVe siècle, des bancs furent établis dans l'église; jusqu'alors il n'y en avait point eu, mais on la jonchait de paille le samedi soir pour le dimanche. Sous la première travée du chœur les seigneurs du lieu avaient deux bancs, l'un devant l'autre et adossés contre le pilier et le mur septentrional, sur lequel on voit encore, sous l'enduit superposé, les traces de leur titre, bande noire où étaient peintes leurs armoiries. C'était là qu'autrefois nos braves et pieux chevaliers assistaient au service divin avec leurs longs habits d'hermine ou de menu-vair.

La tradition du pays porte qu'il existe sous les dalles un caveau qui servait de sépulture; mais les recherches auxquelles je me suis livré pour le découvrir ont été infructueuses. Il est présumable qu'il a été comblé lorsqu'on a repavé l'église dans le siècle dernier. J'ai acquis, de plus, la certitude que le pavé n'a jamais été exhaussé.

Tous les seigneurs du pays qui sont décédés au château reposent en l'église avec leurs femmes et leurs enfants. Il n'y avait, pour le dire en passant, que les nobles et les clercs qui avaient le droit de se faire enterrer dans les églises; les riches bourgeois ne l'obtenaient qu'à prix d'argent. Il n'y a guère plus d'un demi-siècle que le danger d'inhumer dans les églises, bien constaté par des pestes périodiques, en a fait cesser l'usage. Le dernier à qui on a donné la sépulture en l'église de Chazeuil fut Denis Belvalot, notaire en cette paroisse, décédé en 1756; il repose devant l'autel de la sainte Vierge.

Le pavé de cette église offre plusieurs tombes en

pierre de *Fouvent;* leur date ne remonte pas au-delà du XVIe siècle; aucune ne rappelle un nom éclatant. L'une des plus remarquables et des mieux conservées de ces pierres tumulaires, c'est celle de deux prêtres qui y sont représentés en costume sacerdotal à l'antique et les mains jointes, avec une inscription en lettres gothiques angulaires. Cette tombe, qu'on a changée de place en repavant le chœur, se voit près de la sacristie; Voici ce qu'on lit autour de cette dalle: *Ci-gissent discrètes personnes, mestre Pierre Gachot, prêtre, qui trépassa le 17 mars 1558, et messire Martin Gachot, son frère, curé et chapelain de la chapelle de ce lieu, decédé le...* (la date manque). *Dieu ait leurs ames. Amen.* Au bas de la grande allée, on voit une autre tombe qui attire encore l'attention du visiteur, et sur laquelle est gravée une grande croix, qui signifie que les époux qui gissent dessous sont morts en fidèles chrétiens. Dans le cadre, autour, on lit cette épitaphe : *Ci-gissent honorable homme Honoré Poullot, marchand, qui trépassa le 23e jour d'octobre 1552, et Guillemette Charpy, sa femme, le 20e jour de mai 1572. Requiescant in pace.*

De chaque côté de cette pierre sépulcrale il y en a deux autres, dont l'une porte cette inscription : *Sy-git Symphorien Pèretmère, qui trépassa le 7 juin 1576. Dieu ait son ame. Amen.* On lit sur l'autre : *Le 23e jour de mars 1577, Jehan Pèretmère m'a fait ici mettre.* On voit, près l'autel de la sainte Vierge, deux pierres tombales couvertes de personnages drapés et figurés en dessins linéaires. La figure de celui qui est représenté sur celle adjacente au mur est presque entièrement effacée, ainsi que l'inscription, qui ne peut plus se lire. La forme de quelques lettres qui restent encore porte à croire que cette dalle est du XIIe ou XIIIe siècle. On regrette de ne pouvoir connaître aujourd'hui le nom du personnage auquel est consacré ce monolithe ; c'est probablement celui d'un seigneur du pays. L'autre tombe, qui se trouve sous les bancs, est rompue par le milieu ; une partie des onciales qui en composent l'épitaphe est effacée par le frottement des pieds. On ne peut plus lire que ce fragment : .... *le 18 décembre 15... Damoiselle Katherine... la chapelle Sainte-Katherine...* On voit encore çà et là des fragments de pierres tumulaires avec des onciales gothiques. On lit sur une : *Ci-gissent honorable homme Antoine Pèretmère, son fils et sa femme...* Sur une autre : ... *Cy-gît... marchand de Chazeuil, qui trépassa le 28e jour de juillet 1573. Dieu ait son ame. Amen.*

Il me reste à relater encore l'inscription des deux cloches que possède le village. Celle de la grosse est ainsi conçue : *Sit nomen Domini benedictum. L'an 1652 je fus bénite par Antoine Garnier, prêtre, curé de ce lieu de Chazeul. Mon parrain messire Gaspard Amaze* (d'Amanze) *d'Escare* (d'Escars), *seigneur et comte dudit lieu et dIcy* (d'Issis), etc., *et ma marraine damoiselle Sébastienne de Branciou, dame d'ici en partie.*

Sur l'autre, qui a été fondue en 1529, on lit en gothique angulaire : † IHS (Jésus) *Ma.* (Maria) *mentem. sanctam. spontaneam. honorem Deo et patrie* (patriæ) *liberationem. M. Vᶜ XXIX. J. de Beaujeu. S. de Beaurepère* (Baurepaire). *Je. suis. faictes. par. les habitants. de Chazeul.*

J'ai adressé à la Commission archéologique de Dijon

la partie latine de cette inscription pour m'être expliquée. Mais elle ne l'a pu faire; l'inscription lui a paru incomplète, parce qu'on n'y trouve ni verbe ni préposition. Un des membres de cette Commission (M. Vallot) pensa que, pour entendre l'inscription ci-dessus, il faut se rappeler que le battant qui fait résonner la cloche a été comparé à la langue humaine; ainsi la cloche en branle est censée parler et dire : *Je loue Dieu, j'appelle le peuple, j'assemble le clergé, je pleure les morts, etc.* D'après cela, voici comment il explique l'inscription, où le verbe est sous-entendu : *Je fais naître de saintes pensées (mentem sanctam), la spontanéité de la prière (spontaneam), je provoque l'hommage à Dieu (honorem Deo) et je veille par le tocsin à la délivrance du pays (patriæ liberationem).*

L'église de Chazeuil a été construite, comme ailleurs, surtout à la campagne, au milieu du cimetière, qui rappelle si puissamment le néant de la vie, l'espoir d'un avenir plus heureux et le souvenir de ceux qui nous étaient chers et qui maintenant ne sont plus. En 1689, il fut interdit; aucun document ne nous apprend le motif de cette interdiction; ce qui faisait qu'on transportait alors les défunts à Véronnes, à Orville ou à Sacquenay (1). Dans ce cimetière repose un noble chevalier dont la tombe est ignorée et comme perdue dans les entrailles de cette terre sacrée. Son nom était Charles de

---

(1) Quand un cimetière est profané ou pollué, il est défendu d'y enterrer personne jusqu'à ce qu'il ait été réconcilié. On a toujours regardé le cimetière comme un lieu sacré qui ne doit servir à aucun usage profane : les corps de plusieurs saints y reposent. Dans les premiers siècles les chrétiens s'y assemblaient pour y chanter les louanges de Dieu.

Bœuf, mort à Chazeuil en 1761 ; c'était un officier qui commandait probablement celte compagnie qui, revenant des guerres du Hanôvre, séjourna quelque temps en ce pays-ci à cette époque. Il était seigneur des Bordes, de Puiseaux et d'autres hameaux dépendant de la petite ville d'Auxon (1), sur la route de Troyes à Auxerre.

Dans la voie de Bèze, dite la *Ruelle*, existait une chapelle sous l'invocation de saint Denis, fondée en 1725 par Denis Pèretmère, et détruite en 1836.

CHATEAU.

—

Le château de Chazeuil, dont j'ai examiné attentivement les diverses parties, tant intérieures qu'extérieures, n'appartient ni au XIe ni au XIIe siècle, attendu qu'il ne réunit dans son ensemble et dans ses détails aucun des caractères de l'architecture militaire de cette époque; ce n'est pas non plus une œuvre du XIIIe, car, alors, on ne construisait plus de châteaux : la France en était couverte ; on se contentait de réparer ceux que le temps avait détériorés, sans s'écarter des anciens plans. Les croisades furent aussi un bien grand obstacle à la construction de nouveaux châteaux : elles forcèrent beaucoup de seigneurs croisés à vendre leurs donjons à de

(1) Où j'ai été vicaire en 1822.

simples particuliers pour pouvoir fournir aux dépenses considérables occasionnées par les guerres lointaines. Aussi les châteaux appartenant en entier au XIIIe siècle sont ils très-rares. Ce fut sur la fin du XIVe siècle ou dans la seconde moitié du XVe que celui de Chazeuil fut construit ou plutôt reconstruit. Il n'a rien qui le distingue essentiellement des palais et des hôtels élevés dans les villes à cette époque. On remarque encore des restes de ses anciennes fortifications. La grande porte d'entrée était autrefois formée avec d'épaisses portes battantes, bardées de fer, et avec un pont-levis en bois qu'on descendait d'en haut. Aucun titre historique n'indique que ce château ait soutenu quelque siége; mais il est indubitable qu'il a éprouvé de nombreuses vicissitudes, et qu'il n'a point échappé aux dévastations des guerres civiles qui se sont succédées pendant la période du moyen-âge. Il y a toute apparence qu'il a éprouvé maintes attaques dans les temps de guerre et de brigandage. Toutes les issues du château, surtout la grande porte, étaient alors solidement fermées. Les habitants du village, qui y étaient retrayants en temps de guerre, s'y réfugiaient, emportant avec eux ce qu'ils pouvaient sauver.

La grande tour carrée qui flanque ce vieux manoir et lui donne un aspect féodal semble moins faite pour sa défense que pour donner de la dignité, du mouvement au château et éviter la monotonie d'une façade rectiligne. Solidement construite, elle est faite pour résister au temps, pour exister pendant une longue suite de siècles. La partie inférieure de cette tour consiste en un cachot voûté qui n'a d'entrée qu'un étroit trapon; il est à croire qu'il était éclairé par des barbacanes ayant jour sur les fossés qui environnaient jadis la tour et tout le château. Une seconde pièce voûtée surmonte le cachot ; c'était le lieu où l'on enfermait les malfaiteurs et les accusés. La partie supérieure est composée de trois étages à cheminées massives ; ce sont de vastes salles depuis longtemps dans un délabrement complet. La tour était percée, à l'extérieur, de fenêtres plus ou moins grandes, divisées en deux ou quatre parties, par des traverses en pierre ; elles ont été murées la plupart.

L'aspect qu'a le château aujourd'hui est fort triste ; l'intérieur n'offre rien de remarquable, les appartements sont sans grandeur. Il possédait anciennement, à l'intérieur, une chapelle, convertie en cellier ; c'est un simple carré de murailles recouvert d'une voûte à nervures croisées ; elle était éclairée par deux fenêtres étroites et très-évasées en dedans ; on n'y voit pas d'écusson, et l'on ignore sous quel vocable elle était.

Le château de Chazeuil était, au moyen-âge, une demeure de chevalier (1). Le plus ancien qu'on connaisse fut Esembert, *Miles* (2) *de Casoto* ; il vivait vers la fin du XI° siècle. Après lui ce fut Thibaut, témoin, en 1108,

---

(1) Le titre de chevalier était en France le premier degré d'honneur de l'ancienne milice, que l'on donnait ou conférait avec certaines cérémonies à ceux qui avaient fait quelque action d'éclat à la guerre. Les chevaliers étaient gens issus de haute et ancienne noblesse. Il n'y avait que le roi qui pouvait anoblir des roturiers en les faisant chevalier. On n'en faisait aucun qui n'eût servi avec éclat et qui n'eût la réputation d'homme incapable de commettre un crime ou une lâcheté. La plus haute dignité où l'homme de guerre pût aspirer était celle de chevalier. Il n'y avait que les chevaliers que l'on traitât de *messire* et de monseigneur : il n'y avait que les femmes de chevaliers qui se fissent appeler *madame*.

(2) Le mot latin *miles* signifiait, au moyen-âge, chevalier, c'est-à-dire homme de guerre par excellence.

d'une charte que j'ai relatée ailleurs. A celui-ci succéda Villelme, qui paraît avoir vécu vers 1160. Je n'ai pu trouver la suite des chevaliers qui ont successivement possédé la terre et seigneurie de Chazeuil jusqu'au XVe siècle, où elle passa à Jean d'Igny, en 1417 (1); à Guillaume de Saint-Martin, bailly de Til-Châtel, vers 1500; à Jean de Beaujeu, chevalier de l'ordre du roi, en 1523 (2); à François de Beaulieu, en 1547 (3); à Christophe de Beaujeu, en 1562; à Charles d'Escars (4), évêque, duc de Langres, pair de France, en 1589; à Jean Duchâtel, dit de Bonneville, prieur de Til-Châtel, mis en possession de la terre et seigneurie de Chazeuil, en 1595, par le précédent, dont il était grand vicaire; à Charles d'Escars, neveu de l'évêque de ce nom, en 1625; à Gaspard d'Escars, comte d'Amanzé, gouverneur de Bourbon-Lancy, en 1650; à Blaise de Valoux (5), écuyer (6) et secrétaire du roi au Parlement

---

(1) Jean de Rye, seigneur de Til-Châtel, lui accorde, en 1429, le droit d'usage et de pacage en la forêt de Velours.

(2) Il était de la famille des comtes de Beaujeu, petite ville du Beaujolais; il épousa, le 19 décembre 1526, Gilberte de Beaurepaire, et en secondes noces Marthe de Villeneuve.

(3) Il fut député par la noblesse en 1555, pour examiner la Coutume de Sens, de concert avec les autres députés de son ordre et ceux des deux autres corps.

(4) Savant et vertueux prélat, doyen des évêques de son temps. Il mourut à Bèze et fut enterré en l'église abbatiale. Un ancien titre porte qu'il avait une maison sise en la voie d'Orville, et acquise par lui de Marc de Croisi: elle consistait en trois pièces, avec grange, étable, cour et *vignée*. On ne peut douter qu'il n'ait honoré plus d'une fois Chazeuil de sa présence, et qu'il n'y ait même célébré les saints mystères en l'église paroissiale. Il est à présumer aussi qu'il fit travailler ou qu'il travailla lui-même à la conversion des calvinistes qui y étaient alors assez nombreux.

(5) La famille de celui-ci, originaire du Forez, après avoir habité longtemps le Vivarais, aux environs de Tournon, était venue s'établir dans ces contrées à cette époque.

(6) Le titre d'écuyer se donnait autrefois à des officiers qui avaient le soin

de Dijon, en 1663; à Jean de Valoux, écuyer, en 1777 (1); à Blaise de Valoux, en 1791 (2); à Jean-Claude de Valoux, en 1728. Celui-ci, pour s'acquitter des obligations qu'il avait contractées, vendit la seigneurie à M. de Saint-Julien, receveur général du clergé, seigneur de Fontaine-Française, et se retira à Véronnes, où il finit ses jours en 1778, et fut inhumé en l'église de ce lieu. Sa veuve mourut à Til-Châtel en 1811, à l'âge de près de cent ans; un de ses fils était chanoine de la Sainte-Chapelle de Dijon; un autre était religieux-bénédictin à Auxerre. Tous les deux moururent, à ce qu'il paraît, en émigration. La famille des de Valoux subsiste encore à Latrecey, dans le Châtillonnais. Les de Valoux de cet endroit descendent d'un des frères de Jean-Claude de Valoux, dernier seigneur (de ce nom) de Chazeuil. La terre de ce pays passa de la maison de Saint-Julien à M. de la Tour-du-Pin, qui l'a remise à M. de Lagoutte.

Depuis environ 1750 le château ne sert plus d'habitation qu'à des fermiers.

---

et le gouvernement des chevaux du roi ou d'un prince. Le titre de noble était attaché à la qualité d'écuyer.

(1) C'était un officier supérieur, qui fut tué au service du roi en 1691, à la bataille de Fleurus, près Charleroi, gagnée par le maréchal de Luxembourg contre les Anglais, les Hollandais et les Autrichiens réunis.

(2) Un titre de 1702 porte qu'il était écuyer de 200 chevaux-légers de la garde du roi.

VOIE ROMAINE,

appelée vulgairement LEVÉE DES ROMAINS, entre Chazeuil et Sacquenay.

La Levée des Romains, cette antique voie militaire vraiment monumentale, est si intéressante par les souvenirs qui s'y rattachent, que je crois devoir en donner une légère notice.

Cette voie, qui tendait de Langres à Genève, fut commencée par les consuls Agrippa et Valérius, vers l'an de Rome 742, douze ans avant J.-C. C'était l'habitude des lieutenants des empereurs romains, établis pour gouverner les provinces, d'employer les légions qui étaient en garnison, soit en temps de paix, soit en temps de guerre, à construire divers ouvrages, surtout à faire des chaussées ou grands chemins à travers les forêts, les montagnes, les marais, et à bâtir des ponts sur les rivières et les grands fleuves. Les soldats travaillaient avec les gens du pays où s'exécutaient ces travaux; ils étaient quelquefois traités si durement, que les uns et les autres s'en plaignaient amèrement et finissaient par se révolter ouvertement contre les gouverneurs de province.

La chaussée qu'on traverse pour aller de Chazeuil à Sacquenay fut celle que suivit l'empereur Tibère-Claude, à son retour de la conquête de l'Angleterre, pour se rendre en Italie. Sur le bord de cette chaussée on voyait avant 1703, et à droite en allant à Sacquenay, une colonne ou borne milliaire qu'on appelait la *Belle-Pierre*, et qui en a donné le nom à la contrée voisine. Les habitants de Chazeuil et de Sacquenay avaient autrefois beaucoup de respect pour cette pierre. On pense qu'une croix a dû être placée par les premiers chrétiens au sommet de la colonne : ce signe sacré, enlevé depuis, l'aura fait considérer comme un objet religieux. Cette colonne a environ 8 pieds de hauteur ; dans la partie supérieure il y a une inscription en lettres antiques qui marque 22 milles jusqu'à Langres et nous apprend qu'elle a été élevée sous l'empire de Tibère-Claude; il y a toute apparence qu'elle fut érigée pour rappeler le passage de cet empereur sur la voie où elle était placée. Cette colonne se voit aujourd'hui au musée lapidaire de Dijon.

REMARQUES

sur le Puits-des-Grands-Jours.

Il est si souvent parlé à Chazeuil du Puits-des-Grands-Jours, que je crois devoir en dire ici quelques mots.

Au milieu de la forêt de Velours on remarque les ruines d'un chastel auquel certains historiens ont donné chimériquement le nom d'Antua ou Atornum, pour y placer la capitale des Attuariens. Ce chastel a été vraisemblablement brûlé ou détruit par les Normands au IXe siècle, ou par les Hongrois (nation scythe) qui envahirent ces contrées en 937, et ruinèrent l'abbaye de Bèze. Il est certain que des fouilles pratiquées et suivies avec constance dans l'emplacement qu'occupait ce chastel donneraient des résultats satisfaisants. On y voit un puits vaste et profond, auquel la tradition a conservé le nom de *Puits-des-Grands-Jours* (1), comme si l'on disait le *Puits qui date du temps des Grands-Jours*. C'est ainsi qu'on appelait ces jours où se tenaient, en rase campagne, ces grandes assemblées nommées *Plaids de Dieu* ou *Assises* (2), pour y dénoncer et y réprimer les injustices publiques; pour y juger les procès, les différends de toute espèce; pour y régler les affaires et remédier aux maux dont on avait à se plaindre. On apportait à ces assemblées les châsses et les reliques des saints pour y attirer le concours des peuples en excitant leur dévotion. Toutes les fois que ces assemblées avaient lieu, ce qui arrivait assez rarement, on y accourait en foule de toutes parts. Elles se tenaient d'ordinaire, pour ces contrées-ci, dans la plaine entre Lux et Til-Châtel, à deux cents pas de la Tille. Les plus célèbres de toutes les assises qui se tinrent en ce lieu furent celles du 8 juin 1116. On les convoqua pour remédier aux maux que causaient alors des troupes de brigands répandues sur tout le diocèse de Langres (3),

(1) Lors du nettoyage de ce puits, en 1819, on en a extrait beaucoup d'ossements d'hommes et d'animaux.

(2) On appelait aussi ces assemblées *malles publics*. Il y en eut un à Montigny-sur-Vingeanne en 815, au mois de mai, par ordre de Hildegarne, comte des Attuariens.

(3) Dans ces temps-là le diocèse de Langres était un des plus vastes de France; outre la majeure partie de la Haute-Marne, il comprenait les arrondissements de Dijon, de Châtillon et la plus grande partie de celui de Semur, dans la Côte-d'Or, etc.

lesquelles désolaient les campagnes et les monastères. L'Assemblée s'y tint sous des tentes de feuillage ; au milieu de la plaine s'élevait un magnifique et vaste pavillon en forme de temple portatif, dans lequel les châsses et les reliques des saints furent rangées et exposées à la vénération des fidèles. Il y eut un concours infini de nobles et de peuple. Celui qui présida cette imposante assemblée fut Guy de Bourgogne, archevêque de Vienne, comme légat du Saint-Siége. Un grand nombre d'évêques, d'abbés et de seigneurs ; le duc de Bourgogne, ses vassaux, le comte de Bar-sur-Seine et beaucoup d'autres furent présents ; une multitude immense couvrait la plaine au loin. On y traita des injustices publiques, qui étaient alors si communes ; une foule de différends particuliers y furent jugés ; les esprits se calmèrent, les haines furent apaisées, la paix générale fut jurée sur les reliques des saints, on promit avec serment de s'abstenir de malversations, de violences et de rapines. On regarda comme une espèce de miracle, vu la foule innombrable de gens de tous les étages qui y vinrent en foule, qu'il n'y en eût aucun de tué ni blessé ; ce qui arrive cependant assez communément dans ces sortes de concours extraordinaires.

FIN.

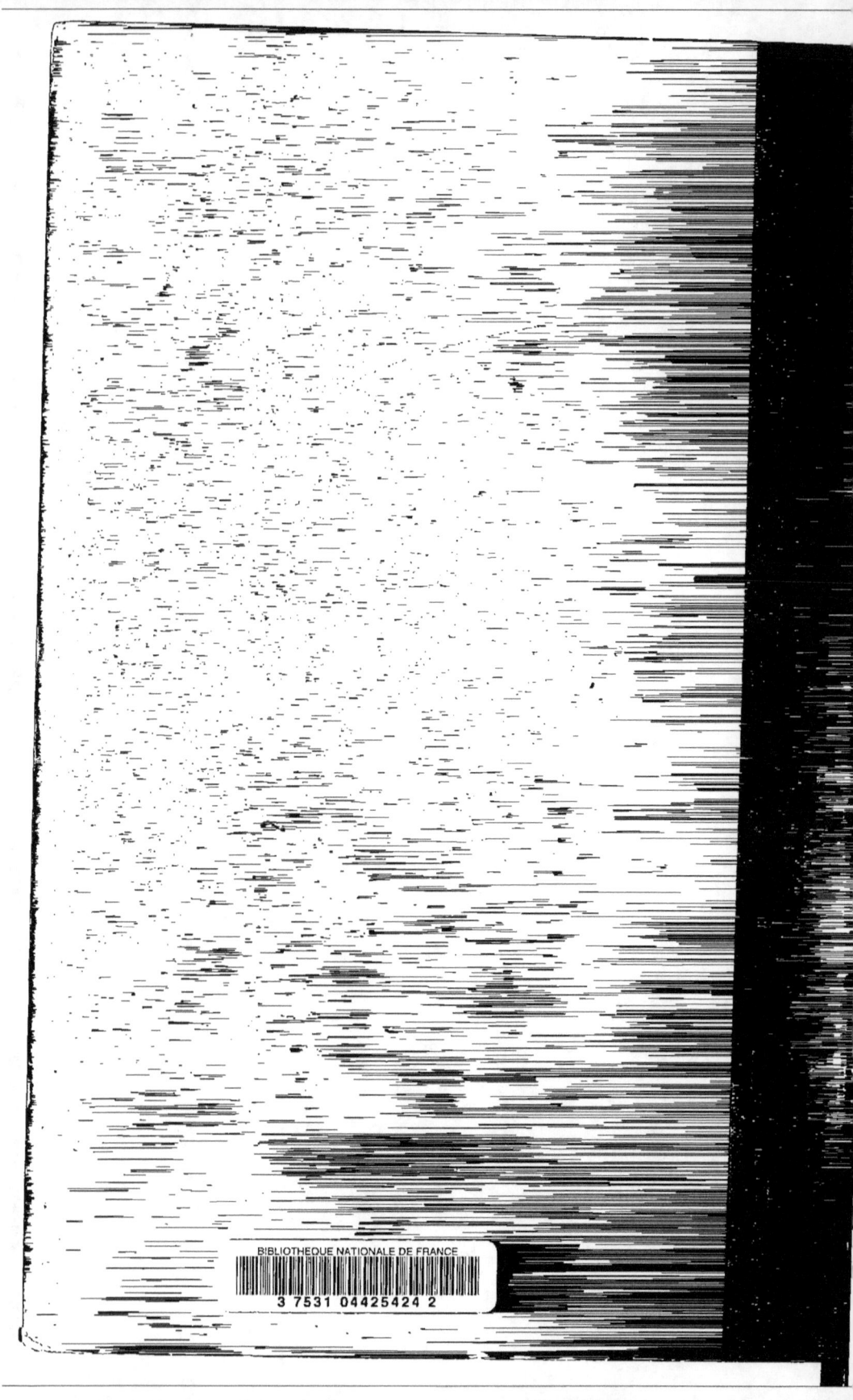

www.ingramcontent.com/pod-product-compliance
Lightning Source LLC
LaVergne TN
LVHW021719080426
835510LV00010B/1055